eco-ethica

에코
에티카

기술사회의 새로운 윤리학

eco-ethica

에코 에티카

기술사회의 새로운 윤리학

이마미치 도모노부 저

정명환 옮김

기파랑

한국어판을
위한 서문

　에코에티카에 관한 나의 작은 책이 한국어로 번역된 것을 매우 영광으로 생각하며 또한 기쁘게 여깁니다. 나는 이 책을 특히 한국의 젊은 세대의 학자와 학생 여러분이 읽어 주시기를 바라고 있습니다. 그 이유는 두 가지입니다. 첫째로 에코에티카에 포함된 과제는 앞으로의 세계에서는 극히 중요하며 그것을 생각하는 것은 모든 사람에게 필요하다고 여겨지기 때문입니다. 둘째로 이 책을 읽어 주실 분들의 의견을 어떤 형식으로든지 알 수 있게 된다면 나는 그것으로부터 배우기를 바라고 있기 때문입니다. 학문은, 특히 철학은 이렇듯 상호간의 지적 자극으로 발전해 나가는 것입니다. 따라서 에코에티카의 창조는 처음부터 국제적인 공동 연구를 통해 지탱됐습니다.

다만 이 책은 그 제창자로서의 나의 주장이며 공동 연구의 보고서는 아닙니다. 에코에티카의 연구자 중에는 나와 생각을 달리하는 분들도 많습니다. 그 점을 잊지 말고 이 인류공동의 테마에 저마다 나름으로의 생각으로 공헌해 주시기를 바랍니다.

한국어로 옮겨주신 정명환 교수는 나의 귀중한 우인 중의 한 사람입니다. 에코에티카가 아직 세상에 알려지지 않았던 무렵부터 나를 지적으로 도와주신 소수의 동지 중의 한 사람이기 때문에 이 책을 번역하는데 가장 적합한 분이라고 생각합니다. 저자로서 어려운 일을 해주신 정교수에게 진심으로 감사를 드립니다.

한국의 우인 이야기를 하자니 아무래도 나의 청춘시대 이래의 친우인 고병익군에 대해서 언급하지 않을 수 없습니다. 한국은 나의 나라인 일본에 한자, 유교, 불교 등을 전해준 매우 소중한 문화의 나라임을 익히 알고 있긴 하지만, 현대 한국의 지적 세계와의 교류의 길이 나에게 열린 것은 동양시의 태두인 고군의 인격과 학력에 감동하고부터입니다. 이리하여 에코에티카의 국제회의는 매년 20명으로 열리는 밀도 높은 소수인의 철학적 집회입니다만, 언제나 몇 분의 한국 학자가 참가하고 있습니다.

정교수의 번역을 볼 수만 있다면 나와 더불어 가장 기뻐할 분은 역시 에코에티카의 최초의 시기부터 고락을 함께한 한국의 미학자 고故 백기수 교수일 것입니다. 역자가 허락하신다면, 역자와 저자의 공통의 벗인 백기수군의 영전에 이 한국어판을 바치려 합니다.

1993년 초봄

이마미치 도모노부

머리말

이 책에서 나는 앞으로의 시대에 필요한 새로운 윤리학에 대해서 썼습니다. 그것은 에코에티카eco-ethica라는 것입니다. 그것은 인간의 새로운 생활권에서의 새로운 윤리학이기 때문에, '생권生圈윤리학' 또는 '생권도덕학'이라고 한자어로 불리는 일도 있습니다. 명칭에 관한 설명은 본문의 제1장에서 하겠습니다. 이 에코에티카는 1960년대 중반에 내가 제시한 것인데, 1970년대로부터 국제적으로 통용되는 학명이 되었습니다. 지금은 그 연구 연보年報가 국제 철학 잡지로서 우리들의 연구소로부터 매년 한 권씩 출간되고 있습니다. 국제적인 집필진이 쓴 그 내용도 수준 높은 것이어서 세계의 각 방면에서 주목을 받게 되었습니다.[1] 다만 이 연보는 국제적 공동연구로서의 실효성때문에 서양어로 쓰였기에, 유감스럽게도 에코에티카의 조국인 일본에서는 아직 널리 알려지지 않았습니다. 그래서 해마다 일본에서 개최되고 있는 에코에티카 국제 심포지엄이 10년째를 맞이하는 금년에, 일본어로 쓰인 학문적이면서도 알기 쉬운 에코에티카 입문서를 내보려는 뜻에서 이 책을 계획했습니다. 이것은 개인의 저서이며 공동연구의 결과가 아닌 에코에티카에 관한 저자 자신의 생각을 정리한 것입니다. 나는 지난 수년 간 몇몇 대학과 연구회에서 해 온 일본어로 된 강의를 골라서 그 녹음을 그대로 인쇄에 부쳤습니다. 그러기 때문에 강의식 글투이긴 하지만 구어로 되어 있어서 철학책으로서는 읽기 쉬우리라고 생각합니다. 내 생각의 술기를 따라가기 쉽게 하려고, 자세한 설명-강의할 때 혹

---

1. 이마미치 교수가 소장으로 있던 '비교철학 미학 국제 연구소Centre international pour étude comparée de philosophie et d' esthétique'는 에코에티카를 주제로 한 국제 심포지엄을 1981년부터 2008년까지 매년 일본에서 개최하고 영어, 불어, 독일어로 된 연보를 출간하였다. 그 이후로는 이마미치 교수가 고령으로 은퇴하고 그의 뒤를 이은 피터 켐프Peter Kemp 교수가 Tomonobu Imamichi Institute for Eco-Ethica를 코펜하겐에 설치하여 매년 그곳에서 같은 취지의 심포지엄을 개최하고 있고 역시 연보를 간행하고 있다(이하 각주는 독자의 이해를 돕기 위해서 역자가 최소한의 범위에서 붙인 것이다).

판을 이용했거나 유인물을 배부하여 덧붙여 상술한 것–따위의 참고사항은 이 책에서는 생략했습니다. 세밀한 자료가 필요한 분은 위에서 언급한 연보에 실린 나의 여러 논문을 참조하기 바랍니다.

그러한 생략이 있긴 하지만, 이 책의 내용은 학문적 수준을 유지한 연구발표로서 새로운 사색이라고 생각하고 있습니다.

유리주체의 다층화 多層化

에코에티카의 기도는 윤리학의 혁명이라고 말만 한 것인데, 그런 기도가 오늘날 왜 필요한 것일까요?

이를 생각할 수 있는 이유는 과학기술[2]이 발달한 20세기에는 행위의 사정射程이 늘어났다는 것입니다. 다시 말해서, 수단으로서의 기술이 과학기술로 변모했기 때문에. 그 규모와 능력이 확대되고, 행위가 미치는 범위와 효과 역시 확대되어, 그 결과 책임이 덕목으로서 요구되고 있습니다. 또한, 이에 따라서 수단이 개인의 손을 떠나, 단체와 특히 국가권력의 소유로 넘어가고 있습니다. 초와 전력, 창과 원자력 무기의 차이를 생각해 보십시오. 그리하여 지금까지 별로 논의의 대상이 되지 않았던 단체, 특히 기업이나 국가의 윤리를 생각해 보지 않으면 안 됩니다. 윤리의 주체로서 개인과 아울러 조직체를 문제로 삼는 것은 에코에티카의 특색의 하나입니다. 개인의 에고이즘보다도 조직의 노시즘nosism[3]이 더 위험한 이유는 그 미명하에 대중을 유혹하는데 있으며, 그것은 강대한 수단을 좌지우지하면서도 책임의 소재는 분명치 않습니다. 전쟁이 일어나면 사람들을 괴롭히는 문제가 생깁니다. 그것은 정치가 도덕에 우선하느냐, 국가는 도덕의 모라토리엄[4]을 허용해도 좋으냐는 문제인데, 이런 때 윤리도덕의 우위에 근거를 주고 또한 그 실현을 가져오기 위해서는 어떻게 하면 되겠습니까? 이런 식으로 윤리주체의 다층화에 따른 새로운 문제가 연속적으로 제기되는 것입니다.

---

2. 과학과 기술이라는 뜻이 아니라, 과학적 지식과 방법을 바탕으로 삼은 기술, 즉 테크놀로지 technology를 가리키는 말.
3. 이마미치 교수가 라틴어 nos(우리)라는 단어를 이용하여 만든 용어. '우리'를 내세우는 집단 이기주의를 가리킨다. 에고이즘이 '나-주의'라면 이것은 말하자면 '우리-주의'이다.
4. moratorium. 원래는 법률용어로서 '지불정지, 지불연기'의 뜻. 여기서는 '유보'로 이해하면 된다.

윤리적 대상의 다층화

한데, 과학기술은 수단으로서의 성격을 그대로 유지하면서도, 1960년경부터는 수단의 차원을 넘어서서 방대한 환경이 되었습니다. 나는 그것을 '기술연관'이라고 부르고 있는데, 이것은 자연과 함께 인간의 새로운 환경으로 정착되고 말았습니다. 이 사실은 자연만이 환경이었던 시대에 성립했던 행위규범으로서의 윤리와는 다른 윤리를 상정하게 합니다. 가령 서로 이야기를 주고받는다는 일상적 행위를 할 때, 자연적 공간에서 상대하는 이웃은 매우 가까운 거리에 있는 타인이지만, 기술연관에서는 전화를 매개로 하여 천리만리에 있는 외국의 시민이 이웃이 될 수 있습니다. 그래서 자칫 상대방의 전화번호나 시차를 잘못 알면 먼 나라에 사는 생면부지의 사람을 한밤중에 깨우는 불찰도 생길 수 있습니다. 이런 사실은 '정확성'이 덕목으로 요청된다는 것을 의미합니다. 이와 아울러, 윤리의 대상이 특정된 소수의 가시적 이웃으로부터 불특정 다수의 불가시적인 미지의 이웃으로 확대됨으로 말미암아, 윤리의 문제는 이제 대면對面 윤리의 한계를 넘어서서 공시적共時的인 인류 전체로 미치게 되었습니다. 그뿐 아니라, 될 수 있으면 훌륭한 문화를 창조하고 그것을 전승하며 자연을 양호한 상태로 유지하는 것은 후속 세대와 아직 태어나지 않은 사람들에 대한 우리의 윤리적 책임입니다.

또한 기술연관은 자연 속에서 자기설정과 지기확장을 해 나갑니다. 그래서 자연을 대규모로 변혁해 왔습니다. 우리는 자연에 대한 행위규준을 윤리적으로 생각할 필요가 있습니다. 이리하여 윤리는 대인윤리에 한정될 것이 아니라 대물對物윤리도 포함하는 것이라야 합니다. 인간은 자연의 정복이 아니라 다만 자연의 관리를 떠맡은 존재라는 자각은 새로운 '겸손'으로 이끌 것입니다. 한데 대물윤리가 필요하게 된다면, 사물에는 문화적 산물이나 기술적 산물도 있는 이상, 가령 예술적 걸작의 보존이나 공개 따위도 윤리의 차원에서 촉진할 필요가 있습니다. 이렇듯 윤리는 앞에서 말했듯이 그 주체의 확대와 아울러 이제 그 대상도 확대되었습니다. 이런 점에서 보자면 에코에티카는 개인윤리의 심화를 요구하는 것입니다.

덕목론aretology의 재편성

많은 새로운 덕목이 필요하게 되었습니다. 윤리주체의 확대와 관련된 덕목으로 말하자면, 단체나 조직의 윤리로의 확대가 국가주의나 민족주의로 빠져들지 않도록 상호존중의 덕을 길러야 하며, 새로운 뜻의 '관용'의 형성이 필요합니다. 원래 관용이란 타인의 잘못을 용서하는 것이었습니다. 18세기에는 그것은 남들의 종교를 용인하는 것으로 넓혀졌습니다. 오늘날 우리는 더욱 남들의 이데올로기와 가치관에 대한 용인으로까지 그 실천을 넓혀나가는 것이 공존의 원리로써 필요하다고 생각합니다. 이리하여 새로운 덕목으로서 '이방인에 대한 사랑'이 성립합니다. 그러나 이것만으로는 인간은 무원칙이 되고, 서로 헐뜯는 정도를 낮추어 일시적인 타협을 즐길 뿐이며, 머지않아 이해관계를 달리하여 서로 다투게 될 터입니다. 그러기 때문에 휴머니티(인간성)에 입각한 보편적 윤리 가능성의 근거로서, 가치의 형이상학적 사색을 심화시켜 나가지 않으면 안 됩니다. 그 기초는, 서로 다른 문화 사이의 대화를 통해서 인류의 지적 유산을 상호보완하려는 노력의 바탕 위에 도덕적 창조의 뜻을 세우는 것입니다. 그러나 그 전제로서, 자기가 속하는 문화권에서 본질적이라고 할 수 있는 언어가 내포하는 논리를 명확히 파악하는 것이 요구됩니다. 그런 점에서 보면, 풍습에 관한 철학적인 비교연구가 에코에티카의 한 과제가 됩니다.

원래, 윤리학의 체계의 특색은 어떠한 덕목을 설정하느냐에 있다고들 말합니다만, 사실 덕목론은 매우 중요한 것이기 때문에 곧 다른 기회에 자세히 밝히려고 합니다.

생명의 과제

윤리적 대상의 확대와 관련된 덕목으로 말하자면, 대물윤리로부터 기대할 수 있는 덕은 인간의 존재에 관한 것이 아니라, 인간의 생명에 관한 것이 될 터입니다. 여기에서 주의해야 할 것은 물物이란 물질을 의미하는 것이 아니라는 점입니다. 인물人物이라는 말이 보여주는 바와 같이, 그것은 일본어의 '모노もの' 처럼 현묘적 큰뜻을 담은 말입니다. 그런 뜻에서 보면 생명은 '물' 입니다. 이른바 생명윤리bioethics는 임상의사에 소중한 것이지만, 그것은 본래 의학적 능력이 양식을 바탕으로 삼아 발휘될 수 있노록 하기 위한 의사의 복무규정이라고 말해도 좋을 만한 것입니다. 한데, 내가 여기에서 구상하고 있는 에코에티카는 그러한 생명윤리의 규정이나 발상의 근거가 될 수 있는 기본적 윤리학의 체계입니다.

나는 오늘날 사회의 여러 분야에서 윤리적 의식이 재인식되기에 이른 것을 다행으로 생각합니다. 정치가들도 정치윤리의 확립을 논의하고 있고, 환경윤리학environment ethics의 견지에서 환경문제를 생각하는 사람들도 윤리의식이 법률과 마찬가지로 중요하다고 주장하고 있습니다. 또한 기술윤리techno-ethica나 예술윤리arti-ethica와 같은 여러 가지 직업윤리가 이야기됐습니다. 그런 것들은 윤리의식을 수반한 복무규율과 같은 것인데, 왜 그런 이야기들이 나왔을까요? 그 이유 중의 하나는, 새로운 국면이나 문제에 대해서 종래의 윤리학이 대응할 수 있을만한 새로운 생각을 전개하지 못했다는 점에 있습니다. 에코에티카는 여러 영역에 걸친 직업윤리로서의 규율 그 자체가 아니라, 그런 규율로의 연역도 경우에 따라서는 가능한 근본적인 도덕철학적 반성으로서의 학문적 체계를 갖춘 윤리학입니다.

생명에 관해서 생각해 볼 때, 가령 의학과 과학기술의 결합으로 가능하게 된 장기이식 수술은 뇌사와 함께 큰 문제가 되어 있습니다. 에코에티카의 연구자 중에도 그것을 지지하는 사람들이 많습니다. 그런 종류의 치료 실시에 대해서 반대한들 대세를 뒤집을 수는 없겠지만, 현상現狀만을 볼 때 나는 그런 치료는 좋은 것이 못 된다고 생각합니다. 생체간生體

肝의 이식수술은 남의 생명을 얼마간 빼앗는 것으로 여겨지며, 장기제공자의 죽음을 기다린다는 것은 남이 더 빨리 죽기를 기대하고 남의 죽음을 바라는 것과도 같습니다. 악이란 다름 아니라 남이 존재하지 않기를 바라는 욕망이라고 나는 생각합니다. 따라서 그런 종류의 수술은 악을 조장하는 것이 된다고 생각합니다. 바로 여기에 나의 의문이 있는 것입니다. 그렇다면 병을 고치겠다는 당연한 욕구를 위해서 진력하는 의학의 진보를 억제하고, 괴로워하는 사람을 내버려 두어도 좋다는 것이 나의 생각일까요? 천만의 말입니다. 인공장기의 개발과 실용이 지금으로서는 아무리 어렵다 하더라도 그런 방향으로 의학과 과학기술이 나가야 한다고 나는 생각합니다. 그런 생각은 적어도 윤리학적인 근거를 갖춘 하나의 방향제시가 될 것입니다. 논리적이 되는 것이 학문에서는 절대로 필요합니다.

논리적 문제

그런 의미에서 이 책은 윤리학책으로서는 드문 만큼 논리적인 고찰을 많이 담고 있습니다. 행위의 삼단논법의 고전적 형태와 현대적 형태, 새로운 분류법, 새로운 추상 등, 그런 것은 모두 더욱 논리를 밀고 나가기 위한 실마리에 지나지 않지만, 그것만 해도 중요한 논리상의 전환점이며, 에코에티카는 그것을 축으로 하여 구축되어 나가는 것입니다. 이 머리말을 간단한 서론으로 삼고 본문을 읽어나가 주시고, 의견과 교시를 베풀어 주시면 고맙겠습니다.

이 책이 나오기까지 서로 격려해온 오랜 친구 베르링거Berlinger, 파레이손Pareyson, 리쾨르Ricoeur, 쓰지무라 고이치辻村公—에게, 앞서 언급한 국제회의의 후원자 다니구치 도요사부로谷口豊三郎 씨에게, 그 회의에서 일주일 동안 합숙해 온 내외의 학자들, 특히 상임위원인 매코믹McCormick, 올리베티Olivetti, 사카베 메구미坂部惠, 하시모토 노리코橋本典子 등의 교수, 조교수에게, 특히 원고를 통독하고 충고를 아끼지 않았던 하시모토 조교수에게, 또한 교정을 보아준 와카이 나오미若井直美 문학사, 이 책을 고단샤講談社 학술문고로 내어주신 학술문고 출판부장 이케나가 요이치池永陽— 씨, 원고정리를 비롯한 여러 가지 일로 수고한 누노미야布宮 미쓰코씨에게 진심으로 감사의 말씀을 드립니다. 그리고 가쓰라 쥬이치桂壽— 선생과 가네코 다케조金子武藏 선생, 그리고 친구인 오시마

게이이치大道惠- 교수와 구로타 와타루黑田亘구가와 오랫동안
이 책이 나오기를 기다려주셨습니다. 그분들의 영전에 저서
를 바치자니 참으로 적적한 느낌입니다.

1990년 9월 30일

이마미치 도모노부今道友信

차례

제 1 장

에코에티카란 무엇인가
:서론적 고찰

여기에서 나는 '에코에티카eco-ethica'란 무엇이냐는 막연한 제목을 내걸었습니다만, 이것은 전혀 새로운 견지에서 생각되어 온 새로운 윤리학입니다. 이것은 그 테두리 안에 오늘날 세간에서 문제가 되어 있는 생명윤리학, 의학 윤리, 정치 윤리, 환경 윤리, 기술 윤리 따위를 포함하는 윤리학의 체계이며, 중요한 학문이라고 여겨지기 때문에, 평소 이에 대해서 생각해 온 바를 말씀 드리면서 이 책의 서론으로 삼으려 합니다.

에코에티카란 '인류의 생식권生息圈의 차원에서 생각하는 윤리' 라는 뜻이며, 과학기술의 연관으로 성립된 사회라는 새로운 환경에서, 인간의 직면하는 여러 가지 새로운 문제들을 포함하여 인간의 살 길을 고쳐 생각하려는 새로운 철학의 한 부문입니다. 될 수 있는 대로 쉽게, 그러나 논리적 순서에 따라서 본질적인 문제를 이야기해 보려고 합니다.

우선 어원에 대해서 좀 자세히 설명하겠습니다. 에코에티카의 에코eco는 에콜로지ecology라는 말에서의 에코와 같습니다. 에콜로지는 보통 '생태학' 이라고 번역됩니다. 생태학은 주로 지리학, 동물학, 식물학, 생물학에서 쓰이는 말입니다. 19세기 후반에 해켈Häckel이라는 독일의 학자가 생물학 또는 생물지리학의 필요에 의해 만든 Ecologie라는 말이 그 기원입니다.

숲이 인간에 의해서 벌채되면 숲에 살고 있던 동물들은 나무를 찾아 살 곳을 옮겨가야 합니다. 그러므로 생물들의 삶을 알기 위해서는 그 개체만을 따로 떼어내서는 안 되는 것입니다. 동물원에 갇혀 사는 동물들을 연구하는 것으로는 충분하지 않듯 말입니다. 그래서 생물이 진실로 사는 모습을 찾아보려고 해서 그러한 술어가 생긴 것입니다.

원래 에코는 희랍어인 오이코스oikos라는 말의 소리를 따서 만든 라틴어입니다. 희랍어의 오이코스는 좁은 뜻에서는 '집'을 의미하지만, 넓은 뜻에서는 생식지生息地나 생식권을 의미합니다. 나는 이 말에서 그 넓은 의미를 취했습니다. 그 래서 에코에티카는 생권도덕학 또는 생권윤리학이라고 번 역되는 것이 관례가 되어 있습니다.

그러나 이 말은 본래 외국에서 만든 술어가 아니라 필자 가 만든 일본산의 라틴어입니다. 에코는 인간의 생식권을 의미하므로 뒤에 언급할 기술 세계를 가리키기도 합니다. 그러나 특히 국가를 윤리의 최고 기준으로 삼는 것이 아니므 로, 인류 전체를 향해서 열린 윤리, 국경이 없는 사회의 윤리 가 되기도 할 터입니다. 아무튼, 에코에티카의 에코는 넓은 의미에서는 생식권을 뜻합니다. 따라서 에코에티카는 집안 의 윤리나 국가의 윤리 따위가 아니라, 과학기술을 환경으 로 하는 현대 세계의 윤리라는 뜻이며, 인류의 생식권 전체 에 걸친 윤리학이라는 뜻입니다.

그 외에도 이와 관련한 새로운 학문이 필요합니다. 종래 로부터 국가학이나 정치학과 같은 학문이 있긴 하지만, 오 늘날 도시가 고도 기술 사회의 생활권이 되어 있기 때문에, 진실한 도시학, 즉 우르바니카urbanica라는 이름의 도시의 철 학이 필요하지 않을까 생각합니다.

그것은 도시사회학 따위와는 다른 뜻에서 도시를 철학적으로 생각해 볼 필요가 있기 때문입니다. 또한, 형이상학적인 문제도 있습니다. 종래에는 환경이 자연, 즉 퓨지스physis이었기 때문에 그것에 관한 학문인 퓨지카physica의 다음에 그 퓨지카를 넘어서는 학문으로서 메타퓨지카metaphysica 즉, 형이상학이 성립했는데, 환경으로서 기술, 즉 테크니카technica가 크게 들어선 오늘날에는 메타테크니카metatechnica라는 것이 필요하지 않겠습니까?

이 세 가지 학문을 제창했을 때 나는 마침 국제 철학회의 연구개발 부장이라는 책임을 지고 있었습니다. 그래서 위원회의 석상에서 그것이 중요한 문제로 다루어지고, 선임 회원인 글리반스키Klibansky 선생과 가브리엘Gabriel 선생, 그리고 리쾨르Ricoeur와 파랭비알Parain-Vial이 다행히도 큰 관심을 보여주었습니다. 그뿐 아니라 특히 젊은 세대 학자들의 찬동이 많았고, 그중에서도 긴급한 과제인 에코에티카를 국제적 연구의 과제로 삼는 것이 좋겠다는 말이 나왔습니다. 그리하여 1974년부터 국제 연구 조직이 생겼는데, 내가 제창자라는 이유로 위원장이 되었습니다.

나는 수년 간에 걸쳐 준비하고 다니구치谷口 재단의 지원을 얻었습니다. 1981년 이래로 일본에서 이미 아홉 번 국제회의를 개최했으며, 그 보고서는 내가 소장으로 있는 도쿄도東京都 지요다쿠千代田區의 철학 국제 센터에서 매회 서양어로 출간되고 있습니다.

그 보고서에는 매호 국내외 학자들이 집필한 에코에티카에 관련된 십여 편의 논문이 게재되어 있어, 지금은 모두 백여 편이 됩니다. 그 중에는 리쾨르Ricoeur, 뒤프렌Dufrenne, 파랭비알Parain-Vial, 마고리스Margolis, 올리베티Olivetti, 맥코믹McCormick, 자크Jacques, 베더Baeder, 부브너Bubner, 줌 브룬Zum Brunn, 등의 서양의 일류 학자, 고병익高柄翊, 백기수白琪洙 정명환鄭明煥, 디Dy 등의 동양의 탁월한 학자, 쓰지무라 고이치辻村公一, 가토 신로加藤信朗, 와타나베 지로渡邊二郎, 이나가키 료스케稻垣良典, 사카베 메구미坂部惠, 도시미쓰 이사오利光功, 사카모토 햐쿠다이坂本百大 등의 일본의 우수한 학자들의 논문이 수록되어 있으며, 그 이외 국내외의 예리한 신진 학자들의 글도 들어 있습니다.

오직 한 가지 철학적 주세를 중심으로 매호 계속해서 10년 가까이 이 정도의 문헌을 갖추게 된 것은 세계에서 드문 일이며, 이 잡지의 평판도 이제 세계 학계에서 높아가고 있습니다. 일본에서도 전공학자들은 물론 문화 관계의 저널리스트 여러분도 이에 주목해 주시기 바랍니다. 우리는 널리

비판과 교시를 받고 싶은 것입니다. 일본어로 번역하여 출판하고 싶은 생각도 간절합니다. 그럴만한 자금이 없는 것이 유감입니다만, 10년 정도면 한 단락이 되기 때문에 올해나 내년쯤에는 그 회의의 성과 일부분이나마 일본어로 된 책으로 엮어서 연구 보고를 할 수 있을 것이라 기대합니다. 어느 분이라도 원조가 있으시기를 간절히 바랍니다.

하기야 우리의 연구 그룹의 활동은 떠들썩한 것이 아니어서, 두세 분의 특별한 지원을 받기는 했습니다만, 사회에서 별로 요란스럽게 다루어진 일은 없습니다. 한데 이번에 다행히도 에코에티카에 관한 나의 강의를 이렇게 책으로 낼 수 있는 기회가 왔습니다. 널리 독자의 비판을 받을 기회가 생긴 것을 기쁘게 생각합니다.

새로운 윤리학의 필요성은 여러 가지 각도에서 생각할 수 있지만, 에코에티카가 마주친 비근한 어려운 문제로부터 이야기를 시작해 보려 합니다.

우선 종교적 정언 명법定言命法과 윤리학과의 관계를 생각해 봅시다. 종교적 정언 명법이란 종교상의 단정적인 명령문을 말합니다. 본래 양자는 같은 차원의 것이었지만, 오늘날에는 그 일치에 균열이 생겼습니다.

한 가지 예를 들어 봅시다. 너무나 잘 알려진 이야기지만,

구약성서의 창세기를 보면 신이 인간을 창조했을 때 인간에게 말한 첫 마디의 하나로 "생육하고 번성하여 땅에 충만하라"는 축복의 말이 있습니다. 인류의 여명 시대에서는 종족의 수적 확대가 가장 바람직한 것의 하나였습니다. 이런 생각은 그 후 오랫동안 부국강병富國强兵의 사상과 부합하여 존중됐습니다. 아무튼 국가로서는 많은 아이를 길러서 유능한 국민으로 자라게 하고, 가정으로서도 되도록 많은 아이를 낳는 것이 바람직하다고 생각한 시대가 오래 계속됐습니다. 그러나 금세기에는 인류 환경의 정비가 진전됨에 따라서 유아의 사망이나 역병疫病에 의한 사망이 격감하는 한편, 인구의 과잉이 문제가 되고 있습니다.

　우리의 20세기는 경제 상황도 문명도 매우 발전한 세기이지만, 엄청나게 많은 아사자餓死者와 아사 직전에 처한 사람이 존재한다는 것은 지금까지 유례없는 일이라는 현실적인 문제가 있습니다. 이것은 인류의 식량 생산이나 식량 관리의 능력을 넘어설 만큼 인구가 과잉이라는 사실을 말하는 것인데, 국가의 장래를 걱정하거나 인류의 장래를 생각하는 선진국에서는 사회 정책상 또는 국가 정책상, 그리고 한 걸음 더 나가 인류 전체로서 산아 제한을 하지 않을 수 없게 되었습니다.

따라서 피임을 염두에 둔 성교는 부부 사이에서는 당연한 것으로 받아들여지고 있습니다. 그뿐 아니라 경우에 따라서는 낙태 수술의 적법성도 논의되기에 이르렀습니다.

설사 낙태가 살인과 연관되고 또 모체의 심신의 건강에 악영향을 끼친다는 이유로 금지되는 경향이 있다 하더라도, 여기에서 중요한 것은, 부부가 부부인 이유는 반드시 아이를 많이 낳아 기르는 데 있는 것은 아니라는 점입니다. 그렇다면 부부에게만 정당한 것으로 허용되는 성교가 아이를 낳는 것과 결부된다는 사상, 즉 성의 쾌락은 아이를 낳고 기르는 고통이나 노력에 대해서 미리 보상을 주는 한도 내에서만 존재해야 한다는 해묵은 종교적 사상은 일단 부정되기에 이릅니다. 그래서 피임을 생각한 성교는 당연히 출산을 전제로 하지 않는 쾌락으로서 인정받게 됩니다. 한데 이렇게 되면 성교를 부부에게만 한정시키는 도덕관의 근거가 어디에 있느냐는 문제가 생깁니다.

이리하여 종국적으로는 부부간이 아니더라도 애정의 표현으로서의 피임 성교는 윤리적으로 인정될 수 있다는 주장도 나오게 됩니다. 그래서 가정을 중심으로 하는 시민 사회적인 기독교나 유교의 도덕적 전통과 충돌하는 성 윤리의 혁신도, 또 따라서 가정의 절대성에 대한 의문도 생기게 될 것입니다. 그러므로 이런 문제를 따질 수 있는 근거가 마련되지 않으면 안 됩니다.

또한, 고도 기술사회가 성립되어 노동이 기계를 매개로 삼게 된 이상, 직무수행에 육체적인 힘이 반드시 필요한 것은 아니게 됩니다. 이렇듯 모든 직종이 기계화됨에 따라서 사회 전반에 걸쳐 남녀 간의 동권이 단순히 인간으로서 동권이라기보다도 노동력으로서 동등하다고 보는 견해가 나오게 됩니다. 그러면 남녀가 할 일은 구분되어야 한다는 유교나 기독교의 종교적인 생각과 윤리적인 생각이 충돌하는 위기가 생깁니다. 이러한 상황을 고려해서 윤리학이 확립되지 않으면 교육의 뿌리도 흔들리게 됩니다.

종래의 윤리는 매우 중요한 기본적인 문제에 관해서는 종교의 지탱을 받아 왔습니다. 그러나 종교는 전체적으로 이 고도 기술사회에서 사회적 세력을 잃어 가는 경향이 있고, 또한 인간의 행동은 일반적으로 기계에 의해서 규정規正되어 가면 된다는 상황이 일상화되고 있습니다. 그래서 만일 사태가 이대로 가면 윤리는 공염불이 되고 마는 위험도 따릅니다. 그렇게 되면 윤리 없는 인간 사회가 생기고 맙니다. 그것은 길 잃은 집합체가 됩니다. 따라서 이콜로지컬ecological한 인간의 변화에 직면하여, 지금까지의 에티카와는 달리 이런 사태를 충분히 의식한 에티카를 생각해야 한다는 취지에서 구태여 '에코에티카' 라는 명칭을 만든 것입니다.

소수자小數者가 갖는 자각自覺은 언제나 무슨 중대한 임무를 떠맡은 자기 자신을 일반인으로부터 구별하려는 엘리트 의식과 결부되기 쉽습니다. 그러나 경제가 발전하고 생활이 안정되어 진학 희망자가 늘어서 대학이 증설되고, 젊은 층의 4할 내지는 5할이 대학에 진학할 수 있게 되면, 대학생은 이미 엘리트라고는 말할 수 없는 형편이 됩니다. 그래서 전반적으로 지식인이 엘리트로의 책임을 지지 않는 상태가 되어 있는데, 그러한 지식인이 군집하는 사회가 고도 기술사회의 대체적인 모습이 아닐까 생각합니다. 책임감 없는 지식인이 군집해 있는 사회는 고도 기술사회의 병적 현상이라고 여겨집니다. 사회가 지원해 주는 시설 덕분에 배우면서도 다만 자기 욕구의 만족으로만 향할 뿐, 사회에 공헌하려는 의식이 적다는 상황은 무엇인가 크게 잘못된 것으로 생각하지 않을 수 없습니다.

메이지明治 시대[1]에는 엘리트 의식을 지닌 청년들이 가득했다는 기록을 우리는 가지고 있습니다. 그것을 오늘날 다

---

1. 메이지 천황의 재위기간(1868-1912). 일본의 근대화와 제국주의적 국가주의의 기틀이 잡힌 시대.

시 읽어 보면 촌사람의 건방이라고 느껴지는 점도 없진 않지만, 입신출세의 욕심이 윤리적으로는 자기 억제의 기능을 하고 국가와 사회를 발전시키기 위한 에너지였다고도 말할 수 있을 법합니다.

국력이 충실해짐에 따라서 문화가 초국가적超國家的임을 인식하는 여유가 생기고, 또 동시에 초국가 사회―인류라는 관념―의 원격성遠隔性이 소거消去되었으면 좋았으리라는 생각이 듭니다. 왜냐하면 그 구체성이 의식화되지 않을 때는 문화는 자기 형성을 위한 것으로만 머물기 때문입니다. 그래서 문화라고 하면 금방 교양Bildung이라는 개인의 자기전개만을 생각하게 되어 있습니다. 이 경향은 고도 기술사회에서 더욱 심해졌습니다. 그런 사회에서는 문화는 단순한 취미와 같은 것이 되고 개인의 교양을 풍부하게 하는 부대조건일 따름이며, 자신이 자리하고 있는 사회 그 자체에 대해서는 본질적인 기능이 없다고 여겨지고 있습니다.

『고지키古事記』나 『만요슈萬葉集』[2], 호메로스나 라신[3]을 배우는 것은 기술사회에서는 시민이 되기 위한 필수 조건은 아니

---

2. 《고지키》― 8세기 초에 완성된 것으로 일본에서 가장 오래된 역사책으로 알려져 있다. 천황가의 정통성을 밝힌다는 정치적 목적에 따라서 태고 이래의 신화와 역사를 엮어 놓았다. 《만요슈》― 8세기 중엽까지 각계각층의 시가(詩歌)를 집대성한 책.
3. Racine― 17세기 프랑스의 대표적 비극작가 (1639-1699).

라고 생각되고 있습니다. 그것은 결국 그런 고전에서 무엇을 배우는 것은 교양을 풍부하게 할 따름이며, 고도 기술 그 자체에는 문화는 필요 없다는 생각입니다. 이것은 문화가 부정된 것은 아닐망정 도외시된다는 이야기입니다. 그리고 문화의 그런 일부분이 전문가의 연구 대상으로서 존중되고 개개인이 취미로 하는 교양이 되어 있으면 문화가 존중된다고들 생각하는 것입니다.

분명히 문화는 부정된 것은 아니지만, 고도 기술사회에서는 필수 조건으로 고려되고 있지는 않습니다. 문화는 필수 조건은 아니지만 도외시되면서 존중된다는 기술사회에서의 문화에 대한 야릇한 처우는, 문화로 하여금 결정적인 역할을 담당하지 못하게 하려는 기술사회의 정책이라고도 여겨집니다. 문화는 존중되고 있으니까, 여러 갈래로 갈라진 일군-群의 취미로서 스콜레[4]의 도구, 즉 한가한 시간의 도구가 되면 충분하다는 것입니다. 그래서 사람들은 문화를 세분화하고 기술사회 내에서 각각 고립시키고 있습니다.

그러나 문화란 원래 하나의 통일체입니다. 그것은 분명히 개개의 문화 현상으로서 분립分立하는 취미나 개개의 전문적

---

4. schole- 문학이나 학문에 이용되는 여가.

학문과 예술이 되기도 하지만, 하나의 통일체가 틀림없습니다. 그리고 통일체이기 때문에 그 안에 윤리와 도덕이 포함되어야 합니다. 따라서 기술사회가 문화를 필수적인 것으로 삼지 않는다고 한다면, 그것은 통일체로서의 문화를 내적 구성 요소로써 필요로 하지 않는다는 말이 됩니다. 이것은 기술 사회에 윤리가 필요하지 않을 가능성이 있다는 것을 의미합니다.

기술사회가 문화의 어떤 부문部門만을 개인이 존중하기를 권장한다는 것은, 윤리도 다만 문화의 한 부문으로서 다른 부문과 동등하게 적당히 존중한다는 것, 즉 개개인의 취미나 관심의 대상으로 삼는다는 뜻이 됩니다. 따라서 기술사회에서 윤리는 내적 필요성으로 요청되고 있지는 않다고 말해도 좋을 것입니다. 모든 행동은 기계가 지시하고, 그것에 따라 행동하는 한에서는 만사가 순조로워질 터입니다. 따라서 사람은 기호가 지시하는 대로 운신하면 된다는 것입니다.

만일 기계 주도형의 행위가 윤리적이라고 한다면, 적어도 기술사회에서의 기계는 그 내부에 윤리적 원리를 담고 있어야 할 것입니다. 그러나 기계가 가능하게 해주는 것은 효율의 증진과 편리의 증대입니다. 그것은 같은 것 제작의 양적 확대와 제작 과정의 생력화省力化, 한마디로 해서 시간의 단축

일 뿐입니다. 우리는 인간적 의식이 성립하는 자리로서 시간성을 생각하지 않을 수 없는데, 기계적 기술의 세계는 도리어 시간성을 압축하고 따라서 의식을 압축하고, 또 그러므로 인간적 의식의 중심으로서의 윤리적 사고를 압축해 가는 구조로 되어 있을 것입니다.

현대는 이리하여 윤리를 생각하지 않는 세계가 되려고 하고 있습니다. 두말할 필요도 없지만, 일본에서는 이미 초등학교 및 중학교에서 윤리와 관련된 교육은 충분히 베풀어지지 않고, 고등학교에서는 윤리 사회라는 교과목으로 윤리 사상사와 같은 것을 가르치고 있었을 때에도, 윤리 그 자체는 별로 문제로 삼지 않았습니다. 더구나 최근에는 그 윤리 사회도 교과목에서 명칭이 사라져서 공민과公民科로 되었는데, 개인으로서 또 인류로서 생각해야 할 교육으로부터 윤리가 탈락하고 만 것 같습니다.

물론 일본의 교육 감독관청인 몬부쇼文部省로서도 할 말은 있어, 당국이 도덕 교육을 강조하고 있고 또 그렇게 하도록 학교에도 철저히 지시하고 있다고 말할 것입니다. 그러나 도덕과 예의범절을 혼동하고 있는 교사들도 많으며, 도덕을 이론적으로 생각하는 윤리학을 무시하면 결국 도덕을 생각하지 않게 되는 것입니다.

유럽에서도 대학 이전의 중고등학교 과정에서 종교가 담당해 왔던 윤리 교육이 오늘날 선택 과목으로 되어가고 있습니다. 세계 어디서도 고도 기술사회가 되면 될수록 윤리 그 자체는 경시되는 추세입니다. 대학에서는 윤리학이라는 강의가 존재하고 존중되기는 하지만, 그 내용은 주로 윤리학의 역사입니다. 그것은 물론 학문으로서 중요합니다. 그러나 문화의 한 분야로서 중요한 미술사나 프랑스 문학이나 미학 강의가 존중되고 있는 것과 똑같은 처지에 있을 따름입니다. 그 모두가 삶의 기초로서 학습되는 것은 아닙니다.

따라서 윤리학 자체로 보아도 이러한 상황에서는 윤리 명제의 논리학적 분석으로서의 메타에티카meta-ethica의 연구나 (가령 헤어[5]라는 메타에티카의 학자가 있습니다), 혹은 방금 말한 윤리학설사의 연구만이 있다고 해도 지나친 말이 아닙니다.

그레벤도르프라는 학자의 말을 들어보면, 윤리학은 현재 제2의 질서에 속하는 윤리학으로서만 번창하고 있는 것이 아니겠느냐는 의심이 제기되고 있습니다. 제1의 질서에 속하는 윤리학이란 무엇이 선인가, 우리는 무엇을 해야 하는가, 무엇이 금지되고 무엇이 허용될 수 있는가 하는 따위의

---

5. Richard Mervyn Hare (1919-2002)- 영국의 도덕철학자.

기본적인 문제를 생각하는 윤리학입니다. 이에 반해서 메타 에티카로서의 윤리학은 남들이 세운 그런 판단들을 전제로 하여, 도덕적 명제의 논리적 분석을 하는 것입니다. 구체적으로 말하면 그것은 '좋다' 던가 '옳다' 던가 하는 도덕적 술어의 분석과 배반에 대한 분노와 같은 도덕적 표현의 분석입니다.

물론 그것만이 학으로서의 윤리학의 양상은 아닙니다. 하기야 일찍이 와쓰지 데쓰로和辻哲郎[6]가 말했듯이 '사실학事實學으로서의 윤리학' 이 수행해 온 업적은 높이 평가해야겠지만, 그것은 결국 어떤 시대와 어떤 장소에 어떤 윤리적 사상이 있었느냐는 윤리학설사의 과제가 될 것입니다. 따라서 그것은 도덕적 사고의 역사적 서술입니다.

그러한 고찰이 학문으로서 소중한 것은 물론입니다. 그러나 이렇게 되면, 현대에서 어떤 것이 권장해야 할 행위로서 윤리학적인 근거를 갖느냐 따위의 사고 자체는 비교적 둔한 시됩니다. 이런 사태는 고도기술 사회에서 윤리학이 받는 처우와 그것의 자기규정自己規定의 상황을 잘 나타내 주는 것이라고 말해도 좋을 것입니다. 이런 점에서 윤리학이 관여

---

6. 일본의 저명한 윤리학자 (1889-1960).

해야 할 명제를 정리해보면 우선 다음의 네 가지가 될 것입니다.

첫째로, 어떤 사회나 학자에 의해서 일정한 내용을 갖추게 된 도덕적 명제 또는 도덕적인 생각의 연구.

둘째로, 그러한 명제나 생각과 이론적으로 병립並立하는 태도를 밝히는 명제. 이것은 결국 첫 번째의 도덕적인 내용에 대한 비판, 찬성 또는 반대가 될 것입니다.

셋째로, 첫째 및 둘째의 명제에 포함된 말이나 표현의 의미 분석.

넷째로는, 첫째 둘째 및 셋째 문제의 기술적記述的, 역사적 수정, 즉 윤리학설사.

이상의 것이 나쁘다는 이야기는 아니며, 현실적으로는 그러한 것이 일반적인 윤리학의 실상입니다. 그것들은 기초 연구로써 필요합니다.

그러나 우리의 세대, 즉 20세기 후반이 되자 그런 연구만으로는 부족하며 우리 스스로 새로운 내용을 갖춘 도덕적 명제를 세워나가야 한다는 태도가 생겼습니다. 과거의 어느 시대에 어떤 명제가 있었느냐는 연구만을 할 것이 아니라 우리가 새롭게 명제를 세워나가지 않으면 안 되는데, 이것이 바로 에코에티카가 겨냥하는 것이기도 합니다. 따라서 우리가 구상하는 에코에티카의 본질에서는 위에서 열거한 네 가지 입장 중 어떤 것도 아니라고 말해도 좋을 것입니다. 그것은 윤리학의 혁명적인 시도로서 제5의 윤리학입니다.

그 목표는 어떤 내용을 가진 도덕적 명제의 정립이기 때문에, 그것은 규범학規範學으로서의 윤리학이 되며, 따라서 첫째의 범주에 속하는 것처럼 보일지도 모릅니다. 그러나 우리가 겨냥하는 것은 새로운 덕목의 수립과 같은 도덕적 명제의 제시를 포함하는 체계 전체의 문제입니다. 그것은 현대 사회의 본질인 기술의 연계, 즉 기술연관으로서의 환경을 생각하지 않으면 안 됩니다. 그런 의미에서는 앞서 말한 형이상학metaphysica을 대신하는 기술형이상학metatechnica과 관련되어야 합니다. 또한, 그러한 윤리학이 구체적으로 요구되는 자리로서 도시都市라는 생활 형태가 있기 때문에, 종래의 정치학politica 대신에 우르바니카urbanica, 즉 도시철학을 그 테두리 내에서 생각해야 합니다. 그런 점에서는 베르링거Berlinger가 말하는 새로운 세계학Weltwissenschaft과 흡사한 것이 되어야 한다고 생각합니다.

따라서 에코에티카는 도덕적 명제의 비판으로서의 두 가지 입장으로부터, 새로운 도덕적 명제의 수립으로 이르는 것인데, 그 중간에서 제5의 새로운 영역, 즉 인간의 이콜로지컬한 변화에 따르는 도덕적 문제의 고찰이 큰 위치를 차지하는 것이 아닐까 생각합니다. 에코에티카는 이것을 포함하여 종래의 윤리학에 대해서 전체적인 반성을 지향 하는 것입니다.

그래서 존재론적인 구조 변화와 관계의 다극성多極性을 고려할 필요가 있다고 생각합니다. 와쓰지가 이미 말한 것처럼 윤리학이 관계에 대한 학문이라는 것은 매우 중요한 것입니다. 또한, 가브리엘 마르셀[7]도 간주체성intersubjectivité, 즉 후설이 말하는 인식론적 간주관성intersubjectivität을 실존론적으로 변용시킨 실존론적 간주관성의 학문을 윤리학의 기초로 삼으려는 경향을 보이고 있습니다. 그런 점에서 윤리학은 '인간관계의 학문'으로 되어 왔습니다.

그러나 이것을 그대로 받아들여야 할 것인지에 대해서는 깊이 반성하지 않으면 안 됩니다. 요컨대 윤리학이 관계의 학문이라는 것은 틀림없습니다. 아리스토텔레스 이래로 인간anthropos을 무엇보다도 먼저 사회적 동물로 보고 공동 존재자로 보려는 생각은 예부터 있었다고 여겨집니다. 그러나 '관계'라는 것을 생각할 때, 자연이 환경이었던 경우의 인간

---

7. Gabriel Marcel (1889-1973)- 기독교적 실존주의를 대표하는 프랑스의 저명한 철학자.

환경과, 기술이 환경이 된 경우의 인간 환경은 다른 것이 아닌가 하는 점에 우선 주목해야 한다고 생각합니다. 왜냐하면, 환경은 관계의 변용을 가져오기 때문입니다.

자연을 환경으로 삼는 인간이 갖는 관계는 어떤 것이겠습니까? 거기에는 부모자식, 형제자매, 부부, 주종主從의 관계와 공동생활에 따르는 역할 분담이나 우호적 적대적 관계와 같이 생명체라면 반드시 갖게 되는 것으로부터, 고등 동물에게서 볼 수 있는 것에 이르기까지 여러 가지 관계가 있습니다. 그것들은 모두 개체 간의 직접적 생물학적 관계이거나, 혹은 군거 생활을 위한 기능적 사회학적 관계로 요약될 수 있는 것입니다. 그러나 이런 종류의 동물적 세계나 자연적 생활에서는 볼 수 없는 관계가 생기게 되었다는 것이 기술을 환경으로 삼고 있는 현재의 문제라고 생각됩니다.

우선 인간에게만 인정될 수 있고 이성理性에 의해서 구성되는 여러 관계를 생각해 보아야 합니다. 무엇보다도 먼저 들어야 할 것은 언어를 통한 관계입니다. 단순한 기호적 행동 반응과는 질적으로 다른 언어적 관계에 의해서 인간은 관념과의 관계를 비롯하여 자립적인 무릇 세계를 성립시켜 그런 세계들과의 관계를 맺을 수 있게 되었습니다. 이것은 인간을 생각할 때는 반드시 함께 생각해야 할 문제인데, 그것은 개체간의 관계는 아니라서 이 장章의 고찰에서는 생략합니다만, 새로운 관계로서 생각해 두어야 할 것입니다.

그러나 개체 간의 관계로서 주목해야 할 것은, 인간은 이제 매개를 통한 간접 관계가 성립되었다는 점입니다. 다시 말해서, 생산과 관리라는 두 가지의 기술적 행위가 고도高度한 형태로 성립하면 개체 간의 관계는 자연적 우발적인 직접성에 한정되지 않고 기술적 필연적인 간접성이 그 특징이 됩니다. 이 새로운 개체 관계는, 생명으로서의 개체 사이에 애초에는 자연적 관계만이 있고 그 후에야 물질 배분의 문제가 생기는 것과는 달리, 애초부터 비자연적 물적 구조라는 기술적 물질이 있고, 이것에 의해서 비물체적 관계가 성립된다는 점에서 자연에 의한 종래의 개체 관계와는 크게 다른 관계입니다.

이에 따라서 인간의 행위의 차원은 개체간의 직접성과는 이질적인 간접성의 차원으로 바뀝니다. 여기에서 주의할 점은 생산이란 다만 물품의 생산만이 아니라, 효력이라는 그 자체로서는 비가시적非可視的인 힘을 또한 대상으로 삼는 생산이라는 점입니다. 또한 관리는 물품의 물질적 존재만이 아니라 비물체적 효력으로서의 가치, 즉 그 자체로서는 비가시적인 에네르게이아energeia(현실태)를 대상으로 삼고 있습니다.

구체적으로 말해서 생산이라고 하면 물품만이 아니라 가령 원자력에 의한 에너지의 생산도 생각해야 합니다. 그런 의미에서 그것은 자체로서는 비가시적인 듀나미스dynamis(가능태), 즉 잠재적인 힘 역시 대상으로 하는 생산입니다. 관리의 경우에는 물론 물품의 물질적 존재를 관리하는 일도 있지만 그 물품이 가지고 있는 비물체적 효력으로서의 가치, 즉 그 자체로서는 비가시적인 에네르게이아, 가령 회화나 조각의 예술적인 가치를 관리해 나가야 한다는 일도 포함됩니다.

한데 생산은 그것을 매개로 하여 불특정한 다수의 사람 사이에 보이지 않는 관계를 맺게 합니다. 이것은 이웃 간의 관계의 무한정적인 증량增量이라고 말할 수 있습니다. 더구나 생산력의 증가는 이윤의 추구만이 아니라, 거의 직접 권력의 추구를 가능케 하기 때문에 권력을 행사하는 측은 안전한 처지에 머물면서 대규모의 손상과 해독을 보이지 않는 곳까지 끼칠 수 있습니다. 이것은 결국 종래의 윤리학이 대면 윤리학ethica facie ad faciem, 서로 얼굴을 맞대고 있는 경우의 윤리학이었지만, 그 대면 윤리의 한계가 분명해지고, 윤리는 이제 원격 조작이 미치는 비지각적非知覺的 거리에서의 행위와 관련되기에 이르렀다는 말이 됩니다.

구체적으로 말하면 이웃이라는 개념의 전환이 시도되어

야 한다는 것입니다. 종래에는 혈연이나 지연이 이웃을 형성해왔지만, 이제는 법으로 맺어진다는 의미에서 법연法緣 관계, 업무의 영위에서 맺어진다는 의미에서 영연營緣 관계, 그리고 기술로 맺어지는 관계를 매개로 하는 기연技緣 따위에 의해서 인간은 자연적인 지각의 자연성으로서는 도저히 생각할 수 없는 먼 거리에 있는 사람들을 이웃으로 삼는 일이 생겼습니다.

한 예를 들어 봅시다. 전화를 사용하면, 큰소리를 쳐야 간신히 들을 수 있는 같은 동네의 사람들보다 파리에 사는 사람이 더 가까운 이웃이 될 수도 있습니다. 그래서 한밤중에 협박 전화를 거는 것도 가능합니다. 이것은 결국 임장성臨場性이 없는 임장감만으로 관계를 맺을 수 있다는 말입니다. 가령 음성과 영상의 교환이 간단히 이루어지며, 경우에 따라서는 음성도 영상도 없이 정보만으로 행위를 결정하지 않으면 안 되는 일도 생깁니다.

이러한 점에서 볼 때 당연히 종래의 윤리학과는 성질이 다른 윤리학이 구상되어야 합니다. 그리고 그 원인은 단 한 가지로, 인간의 이콜로지컬한 변화에 있다고 하겠습니다. 이와 아울러 분명하게 된 것은 이콜로지컬한 변화로 행위의 삼단 논법에 역전이 이루어지고 있다는 것입니다. 이것 역시 앞서 말한 이웃 개념의 전환만큼 큰 문제입니다. 그래서 행위의 삼단 논법의 전환에 관해서 잠깐 언급해 두려고 합니다. 이 문제는 뒤이어 제4장에서 논리적으로 그리고 구체적으로 자세히 고찰할 예정이어서, 여기에서는 간단히 설명하겠습니다.

아리스토텔레스 이래로 행위는 삼단 논법으로 생각되어 왔습니다. 즉 대전제에서 어떤 바람으로서의 목적이 정립됩니다. '갑'을 선택한다면, 소전제에서 이 '갑'을 가능하게 할 수 있을 수단인 '가, 나, 다, 라…' 따위가 열거됩니다. 이 소전제는 아리스토텔레스는 두 가지로 나뉘어 있어서, 가령 수단으로서 '가'를 선택하면 목적은 '가장 쉽게 그리고 가장 아름답게raista kai kallista' 실현됩니다. 따라서 결론으로서 '가'를 선택하는 것이 되며, 소전제가 선택의 자리, 즉 수단의 선택이 된다는 이야기입니다.

이것은 오늘날에도 사적私的으로는 살아 있는 논리 형태이지만, 사회적인 그리고 공적인 차원에서 보면 전혀 별개의 논리 구조가 생기고 있습니다. 그것은 수단이 방대해지고 자명한 소여所與가 되었기 때문입니다. 예를 들어 어떤 정부에 거대한 자본 '가'가 있다고 하면, 이에 따라서 소전제로서는 '갑, 을, 병, 정'이라는 가능한 목적이 열거됩니다. 거대한 자본을 에너지 개발에 사용하느냐, 교육에 투자하느냐, 군사력 증강에 쓰느냐 혹은 복지국가 건설에 사용하느냐는 따위의 여러 가지 구상이 있겠지만, 이처럼 목적을 선택하는 문제가 윤리학에서의 행위 결정의 기초적 문제가 되고 있습니다.

결국 기술과 수단이 강대해졌다는 이콜로지컬한 변화로 말미암아 행위의 삼단 논법의 역전逆轉이 처음으로 의식된 것입니다. 다시 말해서 종래의 윤리학 책에는 그런 이야기가 전혀 나오지 않았던 것입니다. 오늘날에는 수단이 선택적인 것이 아니라 자명한 것으로 존재하게 되었으며, 도리어 목적을 선택해야 할 형편입니다. 종래의 윤리학은 나로서는 '갑'이 바람직하다는 목적의 정립이 대전제였고, 그 '갑'을 가능하게 하는 '가, 나, 다, 라'의 수단 중에서 내가 '가'를 선택한다는 식으로 개인의 의사 결정이 이루어지는 일이 많았습니다. 그러나 자본이나 에너지와 같은 거대한 힘을 이제는 '우리가' 가지고 있고, 목적도 이미 개인이 아니라 '우리가' 선택하게 되기 때문에, 윤리학에서도 위원회委員會의 논리 구조를 다루는 것이 아무래도 필요하게 됩니다. 책임의 주체가 개인인 동시에 책임을 져야 할 위원회(단체)가 따로 있어, 이런 일이 법적으로 규정된다는 것만으로는 불충분하며 윤리의 문제로서 고려되어야 합니다.

이상 말한 것을 요약하면, 관계의 존재론적 구조 변화와 이에 따른 새로운 이웃의 개념이 있어야 한다는 것, 그리고 행위의 삼단 논법의 구조적 역전에서 생기는 문제로서 위원회의 윤리를 생각해야 한다는 것, 즉 책임의 소재와 관련하여 종래의 도덕과는 별개의 단체 윤리를 생각해야 한다는 것입니다. 물론 이러한 문제 이외에도 많은 문제가 있지만, 에코에티카의 한 가지 의식으로서 그런 것이 출발점이 되어 있다는 것을 말해 두려고 합니다.

에코에티카는 환경을 어떻게 하느냐는 문제를 물론 포함합니다만, 이른바 환경윤리학과는 다릅니다. 그것은 그런 문제만이 아니라, 환경의 변화가 가져오는 이콜로지컬한 변화의 바탕에서 인간이 자기의 행위를 이떻게 주체적으로 결정해 나가야 하느냐는 새로운 문제를 다루려는 것입니다. 그리하여 다음 장에서부터는 에코에티카의 기초적인 문제들을 개별적으로 하나씩 밝혀 나가려고 합니다.

제 2 장

윤리의 복권

1. 자연과 사물에 대한 인간의 책임

인간의 환경이 자연뿐이었던 시대와 그것이 자연만이 아니라 기술과 문화로 다층화多層化된 현대에는 인간의 생활 형편이 다를 수밖에 없습니다. 그러므로 행위 규범으로서의 윤리학도 달라지지 않겠느냐는 물음은 누구나 품는 것이 아닐까 생각합니다.

도쿄대학에서 윤리학을 가르치던 와쓰지 데쓰로는 나의

은사의 한 분이지만, 『윤리학』(이와나미岩波서점 간행)이라는 세 권의 대저大著를 집필했습니다. 한데 그 내용의 기본적 취지를 예고하는 그의 프롤레고메나(입문서)로서 『인간의 학으로서의 윤리학』이라는 작은 책이 있습니다. 이것은 교과서와 같은 책이지만 증간增刊 요청이 끊이지 않는 명저입니다.

그 책에서 와쓰지는 '倫(윤)'이라는 글자를 분석하여 그것이 사람의 동류 관계同類關係를 뜻하니까 윤리학이란 '인간관계의 학문'이라고 규정하고 있습니다. 그것은 결코 틀린 것은 아닙니다. 분명히 윤리학에는 그런 면이 있어야 하고 또한 그런 각도에서 전개되어 온 역사가 있습니다. 그러나 내가 여기에서 말하고 싶은 것은, 오늘날에는 인간이 자연에 대해서 어떤 태도를 보여야 하느냐는 윤리적 물음이 존재한다는 것입니다. 즉 윤리학은 대인 윤리ethica ad hominem만이 아니라 대물 윤리ethica ad rem로 확장되어야 한다는 말입니다.

가령 공해 문제 같은 것이 이 물음과 관련될 것입니다. 그것은 결국에는 인간에게 파급하는 문제로서 대인적인 것이 되긴 하지만 여기에는 자연과의 공생에 관한 태도가 포함됩니다. 달리 말하면 자연에 관한 인간의 책임 문제, 더 적절하게 말하자면 자연을 위한 인간의 책임 문제가 윤리 또는 도덕의식으로서도 요구되기에 이른 것입니다.

비근한 예로 녹슬기 쉬운 빈 깡통을 쓰레기통에 버리지 않고 지상에 버려두면 녹이 조금씩 땅속으로 스며들어 나무가 말라가는 일이 생깁니다. 자동차나 냉장고 따위의 폐품이 들판에 산적해 있는 것을 보면, 그 부근의 지하수가 머지 않아 마실 수 없게 되리라는 생각이 들어 겁이 납니다. 그리고 해안에 플라스틱 용기를 버리면 녹지 않고 남아서 바닷가를 더럽혀 갈 테니까 누구나 걱정이 될 것입니다. 이런 점으로 볼 때 과거처럼 다만 공덕심公德心이 중요하다는 생각에 그칠 것이 아니라, 자연에 대해서 인간이 적극적인 책임을 져야 한다고 생각하지 않으면 안 됩니다. 즉 자연에 대한 윤리 내지는 도덕이 요구된다는 말입니다.

이런 일을 넓혀서 생각하면, 지구 온난화溫暖化에 대해서 어떻게 해야 할 것이냐, 또는 프레온 가스 등에 의한 오존층 파괴에 기인하는 자외선의 과잉으로부터 생물을 어떻게 지킬 것이냐는 등의 우주적 규모의 행위 규정行爲規正과도 관련됩니다. 이런 문제들에 대한 고찰은 모두 과학기술적인 편리 유효성便利有效性에 대한 통제나, 과학기술의 연구 방향에 대한 충고라는 형식을 띠기도 할 것입니다.

또 문화재에 대해서도 생각해 봅시다. 우리는 각각의 시대의 천재들이 여러 가지 방법으로 인류의 가능성을 극한까지 드높인 작품들을 다음 시대로 전하고, 그런 작품들을 통해서 우리가 누린 크나큰 감동을 다음 세대에도 가능케 해줄 의무가 있습니다. 그런 뜻에서 박물관이나 미술관이라는 아이디어가 일반화한 것은 유럽이 시민 사회가 된 18세기 이후의 일입니다. 그전까지는 왕후나 귀족이 자신들의 취미나 일족一族의 향락을 위해서 예술을 즐기고 있었을 뿐입니다. 그러나 20세기에 들어서면서 다만 구미 제국歐美諸國뿐 아니라 다른 모든 나라에서도 국가로서 또는 인류로서 보존해 두어야 할 높은 가치의 작품들이 있다는 생각을 일반인들이 나누어 가지고 있습니다.

그래서 세금, 입장료 또는 관람료 등을 냄으로써 문화재를 공동 관리한다는 경제적 책임을 분담하는 동시에, 도의적으로도 되도록 문화재의 공동 이용을 생각해서 그 공개를 도모하고, 보존과 유지를 위해서 서로 노력해 나갈 것이 요청됩니다. 그것은 물론 공시적共時的, 계시적繼時的인 인간 상호 간의 문제이기도 하지만, 또한 대물적對物的인 도덕 없이는 불가능합니다. 요컨대 문화재 특히 예술 작품에 대해서 인간의 윤리적 책임이 있다는 말입니다.

그렇다면 윤리는 단순히 인간들끼리의 문제가 아니라, 큰 의미에서는 자연이나 사물에 대한 것이기도 합니다. 따라서 그런 것도 새로운 윤리로서 에코에티카의 과제가 됩니다. 에코에티카는 윤리의 사정射程을 대인성만이 아니라 대물성으로 확대한다고 말할 수 있을 것입니다.

2. 인간의 이콜로지컬한 변화

인간의 이콜로지컬한 변화라는 말이 자주 화제에 오릅니다. 바꾸어 말하면 자연만이 환경이었던 인간과 고도로 기계화되고 기술화된 환경-나는 이것을 기술 연관이라고 부릅니다-또는 문화재가 환경이 되어 있는 상황하의 인간의 사이에는, 생활 조건의 차이가 있다는 점에 주목해야 한다는 것입니다. 따라서 그런 환경에서 생활하자면 규칙도 변화할 것이며 행위 원리의 혁신도 있게 될 것입니다. 그런 점에서 인간의 이콜로지컬한 변화가 무엇인지를 구체적으로 이야기해 보려고 합니다.

홋카이도北海道의 도쿄로常呂-이것은 아이누의 말을 한자로 옮겨 쓴 것으로 여겨집니다-라는 곳에 도쿄대학의 북방 연구소가 있습니다. 그곳은 도쿄대학의 고고학 연구실의 지부인데, 조교수와 조교가 한 사람씩 상주하면서 연구를 계속하고 있습니다. 그 부근에는 수혈 주거竪穴住居의 흔적이 있습니다. 홋카이도의 일이니까, 기원紀元 후 상당히 이른 시기, 즉 2세기나 3세기경에 사람이 살고 있었던 흔적입니다. 수혈이란 지면에 구멍을 파서 방을 만드는 것이므로, 벽은 따로 쌓지 않아도 되고 한가운데에 기둥을 하나 세워서 그 위에 지붕을 얹은 주거, 다시 말해서 파 내려감으로써 자연히 벽이 생기는 그러한 주거입니다.

그 수혈 주거들은 모두 약간 높은 언덕에 자리하고 있고, 전부 합쳐서 이천에서 삼천 개라고 하는데, 현재 연구 대상이 되고 있는 것은 백 개 정도라고 생각됩니다. 한데 그 언덕은 남향이라서 해가 잘 들고, 북쪽은 숲이어서 바람을 저절로 막게 되어 있습니다. 또한 가까운 곳에 도쿄로 천川이 흐르고 있는데, 주거가 높은 곳에 있으니까 생활에 필요한 물은 바로 아래로 내려가서 길으면 되고, 장마철에 큰비가 와서 범람한다 해도 침수될 염려가 없습니다. 바로 그러한 곳에 촌락이 형성되어 있던 것입니다. 우선 이 사실을 명심해 주시기 바랍니다.

다음으로 나 자신의 이야기를 하겠습니다. 나는 현재 세이센淸泉 여자대학과 철학 국제 연구소에서 근무하고 있는데, 오전 중에는 대학에 나가고 오후에는 연구소로 갑니다.

그때는 지하철을 이용합니다만 지하철을 타면 자연히 광고가 눈에 띕니다. 그중에는 부동산 광고가 있습니다. 그것을 눈여겨보면 반드시 해가 잘 든다는 것, 단단하게 정지整地되어 있다는 것, 전기 가스 수도 냉난방의 시설을 갖추었다는 것 등이 씌어 있습니다.

옛날에 자연만이 환경이었을 때는 사람들은 강가에 주거를 만들어야 했습니다. 그리고 자연스럽게 언덕져 있는 곳을 찾아내고 또 자연이 해가 잘 드는 곳을 골라야 했습니다.

오늘날에도 물론 그 세 가지 자연조건이 갖추어져 있으면 더할 나위 없겠지만, 냉난방의 시설이나 가스 수도의 설비만 갖추었으면 비록 강에서 멀고 북향이라서 해가 잘 들지 않아도 살 수 있게 되어 있습니다. 자연조건이 상당히 나빠도 기술적으로 정비되기만 하면 살 수 있다는 말입니다. 즉 우리는 분명히 기술을 환경으로 삼으면서 쾌적하게 살 수 있는 것입니다. 물론 태양과 공기가 필요하니까 자연이 없어서는 안 되겠지만, 우리가 기술을 환경으로 삼으면서 살고 있다는 것은 인정하지 않을 수 없습니다.

이상 언급한 것은 매우 긴 세월에 걸쳐서 일어난 변화이지만, 다음으로는 20세기의 전반, 즉 1930년대로부터 현재에 이르는 약 60년 동안의 변화를 생각해 봅시다.

1930년이라고 하면 내가 초등학교에 들어가서 얼마 되지 않았을 때입니다[1]. 그 무렵에는 자동차가 아직 보급되어 있지 않았습니다. 그러나 통학하고 통근할 시간에는 전차電車가 차츰 많아지고 러시아워라는 말도 유행하게 되었습니다. 그리고 도쿄나 파리와 같은 대도시에서는 초등학생이 통학할 때도 지하철 버스 또는 전차를 이용하게 되고, 다른 도시에서도 중학생의 기차 통학이 드물지 않을 정도로, 아동이나 소년소녀들이 대중교통을 이용하기 시작했습니다. 그래서 교통기관이 일상 속에 자리를 차지하고 인간의 행위와 행동에 관계하게 되었습니다.

그 무렵부터 전에는 들어보지 못했던 도덕이 생겼습니다. 그것은 교통도덕입니다. 옛날에는 통근하는 길에 남을 살상하는 일은 분명히 없었을 것입니다. 그러나 역이 혼잡하고 자동차가 달리는 도시의 사회에서는 오가는 교통에서 도덕을 의식하지 않으면 자신과 남에게 치명적인 결과를 가져올 것입니다. 그래서 교통 신호의 준수를 비롯한 교통 규칙이 생기고 교통에 관한 법률이 정해졌습니다. 그런 것을 어떻게 지키고 어떻게 활용하느냐는 점에서 교통에 관한 도덕이

---

1. 저자인 이마미치 교수는 1922년생.

의식화되기에 이른 것입니다.

　교통도덕도 기본적으로는 남에게 폐를 끼치지 않도록 몸가짐을 삼가는 측면과 남을 돕도록 배려하는 측면이 있습니다만, 가장 일반적으로는 교통 신호나 교통 표지의 지시에 반사적으로 반응하면서 행동하지요. 그래서 당연히 도덕이란 사회적 통제에 대한 타율적 복종이라는 생각이 태어나게 됩니다. 인간이 자기 자신을 기계의 부품처럼 다루며, 도덕은 기능적 필연성의 효과를 위한 규정과 같이 여겨지게 됩니다.

　현실적으로 이 교통도덕을 매개로 하여, 사람들은 사회적 동일신호同一信號로서의 교통 신호에 맹목적으로 복종하지 않을 수 없다고 생각하게 되었는데, 바로 이 무렵부터 파시즘, 나치즘 또는 군국주의에 의한 전체주의의 동일화同一化 윤리가 이데올로기의 지령으로서 세계적 규모로 사람들을 억압하기 시작했다는 사실에 주목해야 합니다. 동일화라는 것, 즉 동일성을 작용 원리로 삼는 것은 논리학에서는 매우 중요한 것이지만, 윤리학은 신중히 생각되어야 할 문제입니다.

3. '잘' 살기 위한 윤리

과거에 한때 인간을 기계로 환원하여 설명하려고 하는 이른바 기계론적 세계관이 대단히 유행했던 시대가 있었습니다. 1950년대와 60년대가 그랬습니다. 그것은 18세기나 19세기의 인간 기계론과는 달리, 인간을 문자 그대로 기계로 환원하려는 생각이었습니다. 전쟁의 시대로부터 기능적 효과가 중시되고 그것을 높이기 위한 구조가 여러 가지로 고안되고, 또 사이버네틱스cybernetics도 주목의 대상이 되었으며, 로봇의 노동력 따위가 인간의 업무 처리 능력을 능가할 수 있게 되었기 때문입니다.

그러나 1970년대에 들어서면 사정이 달라집니다. 기계에는 인간의 생산력과 노동력보다 훌륭한 기능이 있지만, 인간에게는 무엇보다도 소중한 생명이 있으니 기계에 없는 이 생명을 중시하자는 생각이 소리 높이 제창되기에 이른 것입니다.

확실히 생명은 소중한 것입니다. 의학에서도 여러 형식으로 생명을 연장하는 방법이 강구됐습니다. 그러나 인간이 어떻게 해서든지 살아남고 생명만을 소중히 여기는 것이 과연 인간답게 사는 것이냐는 점을 새로 생각해 볼 필요가 있습니다. 인간은 때로는 생명을 내던지면서라도 지켜야 할 것에 마주치는 일도 있을 터입니다. 생명은 단 한 번뿐이며 그것을 넘어서는 가치는 없다고 생각하기가 쉽습니다. 만일 그렇다면 되도록 교활하고 비열한 수단을 궁리해서 남을 따돌리고 남을 속이며 살아가는 것이 최고의 가치를 실현하는 길이 될 것입니다.

그러나 정말로 단지 사는 것만이 목적이며 생명은 가장 존중되어야 할 가치인가, 혹은 '잘' 사는 것 (플라톤이 말하는 토 에우 젠to eũ zên)이 목적인가, 다시 말하면 단지 사는 것이 아니라 어떤 가치의 실현을 위해서 사는 것이 목적인가, 만일 그렇다면 생명까지 포함해서 무릇 가치에는 단계가 있고 가치의 질서가 있는 것이 아닌가 하는 점에 생각이 미치게 됩니다.

그러나 가치의 질서는 한편으로는 주관적인 것이 아닐까요? 어떤 사람은 모험에 생명을 내걸면서 후회하지 않고, 어떤 사람은 사랑에 생명을 내바쳐 죽으며, 또 어떤 사람은 물에 빠진 아이를 구하려고 자신의 생명을 위태롭게 합니다.

프랑스에 '사랑한다는 것은 조금씩 죽는 것'이라는 속담이 있습니다. 아무튼 남을 사랑할 때는 이미 자기의 생명이 최고의 가치는 아니라고 생각하지 않으면 안 됩니다. 야마

토 다케루노 미코토日本武尊[2]가 사가미나다相模灘에서 해난을 만났을 때 오토 다차바나 히메弟橘媛는 그 무렵의 신앙을 따라서 제 몸을 희생하여 해신海神의 무서운 힘을 가라앉히려고 물에 뛰어듭니다. 이렇듯 사랑의 극치에 이르면 사랑하는 사람을 위해서 생명을 바치려는 것이 인간의 생각입니다.

가령 친구 자식 부모 아내 애인과 같이 자기가 가장 사랑하는 사람이 수술을 받으려고 입원한 경우를 생각해 봅시다. 사람은 대개 자신의 생명을 소중히 여깁니다. 그러나 때로는 불가능한 소원인지 알면서도 자기가 대신 죽어서라도 그 사람을 살리고 싶다는 생각이 드는 경우가 있습니다. 그래서 성서에 '벗을 위해서 자기의 목숨을 버리는 것보다 더 큰 사랑은 없다'는 말이 있는데, 그 말은 자기의 생명을 아끼면서 살아가는 인간이 바로 그 생명을 바치는 행위야말로 사람의 마음에 감동을 주는 최고의 사랑이라는 뜻이라고 생각됩니다.

사람들이 일을 소중히 여기는지 혹은 영달을 소중히 여기는지는 모르겠지만, 지치도록 잔업을 하고 이튿날 아침에는 부족한 잠에 식사도 변변히 하지 않은 채 만원의 전동차에

---

2. 고대 일본의 전설적 영웅. 倭建命이라고도 쓴다. 바다에 몸을 던졌다는 弟橘媛은 그의 아내.

시달리며 출근하는 일은 흔히 있는 상황입니다. 이것은 결코 생명을 최고의 가치로 삼는다는 말은 되지 않습니다.

그렇지만 그런 일을 하는 배후에는 진실로 일을 사랑하는지, 영달을 바라고 있는지, 혹은 돈만을 바라고 있는지는 알수 없지만, 생명을 어느 정도 희생하면서까지 일하고 있다는 현실이 있는 것은 분명합니다. 이 경우 생명의 가치는 일의 실현을 위한 에너지로서의 가치가 되는 것이 아닐까요? 다시 말해서, 생명은 분명히 다른 것을 목적으로 삼고 그것을 실현하기 위한 에너지로서 생각되는 것이 아닐까요? 이렇듯 생명은 그보다 높은 가치를 위해서 조금씩 희생된다는 것을 이해하지 않는다면, 이상理想과 같은 것은 없어지고 말 것입니다.

전쟁 중에[3] '한 사람의 국민의 생명은 국가에 바치기 위해서 있다'라는 생각을 고취한 사람들이 있었습니다. 또한 그런 풍조에 젖어든 사람들도 많았습니다. 그 때 한 인간의 목숨을 새털보다도 가볍다고 여겨졌습니다. 나는 이런 생각은 틀린 것이라고 믿습니다. 국가란 우리가 함께 살아가기 위한 제도로서, 그 역사적 형태의 하나로서 존재할 따름

---

3. 일본이 일으킨 태평양전쟁 때의 일.

입니다.

한데, 이렇게 생명을 경시하는 전시戰時의 생각은 전후에도 얼마 동안 계속되었습니다. 생활이 어려웠던 탓인지, '목숨을 팝니다' 와 같은 광고가 신문에 나온 일조차 있습니다. 아마도 그 반동이겠지만, 전후 몇 년이 지난 일본에서는 개인의 생명이 존중되어야 한다는 것이 널리 가르쳐지고, 오직 생명만이 지상至上의 가치라고 생각하는 사람들이 많아졌습니다. 물론 남의 생명을 빼앗아서는 안되며, 자신의 생명도 소중히 간직해야 합니다. 그러나 자기의 생명은 자기가 실현코자 하는 그 어떤 가치를 위해서 희생되어야 한다는 이 당연한 일을 망각해서는 안된다고 생각합니다.

'다만' 살기 위해서가 아니라 '잘' 살기 위해서 생명이 있다는 것이 인정될 때 비로소 사람은 무엇을 위해서 사느냐는 인생의 목적을 생각해 볼 수 있게 됩니다. 그리고 이때 잘 살기 위해서 그 '잘' 이란 무엇인가를 생각하려는 철학적 윤리학이 고찰의 대상이 됩니다. 이리하여 남을 죽이면서 제 욕심을 채우고 남에게 죄를 뒤집어씌우면서 끝끝내 살아남으려는 것이 훌륭한 짓이 아니라는 것-그러한 형태로 자신의 생명을 지탱해 나가는 사람이 훌륭하지는 않다는 것-도리어 인간의 존엄성을 지키기 위해서, 가령 사상의 자유를 지키기 위해서, 자신의 생명을 희생하고 죽어간 사람들이 훌륭하다는 것이 논리적으로도 분명해지리라고 생각합니다.

"이타가키는 죽어도 자유는 죽지 않으리"[4]라는 말이 우리에게 천금같이 소중하게 느껴지는 이유가 여기에 있습니다. 그것은 그가 무릎을 꿇고 "살려 주시오. 자유라는 말은 이제 입 밖에도 내지 않겠소"라는 태도를 보이며 생명을 아끼지는 않았기 때문입니다. 무엇을 위해서 자신의 생명을 불살라야 하는가를 아는 의연한 태도로부터 그의 말이 나왔기 때문입니다.

4. 윤리는 왜 잊혀지는가

기술공학 전대미문의 약진으로 말미암아, 일상생활에서는 앞서 말한 바와 같은 커다란 변화가 일어나고 있습니다. 인간의 생명은 가끔 필연적 계획에 의해서 순수純粹培養 배양되고 있는 듯이 보이기도 합니다. 거기에서는 생명은 이미 감격적인 것이 아닙니다. 그래서 생명이 무엇을 위해서 있

---

4. 자유민권론을 주장한 이타가키 다이스케(板垣退助, 1837–1919)가 1882년에 극우파의 습격을 받은 일이 있는데, 이 말은 그때 한 것으로 알려져 있다.

느냐는 것을 생각하지 않게 됩니다. 잠시라도 스스로 반성하기 위해서는 어떤 의미에서는 세계의 침묵이 필요할지도 모릅니다. 그리고 세계의 침묵 속에서 자기 자신을 돌이켜 보는 것이 필요할지도 모릅니다.

　나는 소년시절의 어떤 날을 지금도 기억하고 있습니다. 도쿄 한복판에서조차 나는 떨어지는 낙엽이 담에 부딪히며 바스락거리는 소리를 뜰에서 들은 일이 있습니다. 그것은 한낱 소년에게도 우주의 가을을, 그리고 인간의 죽음을 생각하게 한 소리였습니다. 한데, 오늘날의 도쿄는 그런 소리가 인간의 귀에는 이미 들리지 않는 도시가 되고 말았습니다. 지금은 바로 그런 침묵을 앗아가는 사회적 상황이 되어 있습니다. 다시 말해서 전기적電氣的인 매체에 의해서 모든 형태의 소리와 모든 형태의 영상이 우리를 둘러싸고 있기 때문에 인간은 자기 자신을 반성하는 시간조차 잃는 것입니다. 따라서 이 시끄러움 속에서, 인간은 생명이 무엇을 위해서 있는 것인지를 생각하지 않고 오직 생명만이 가장 중요한 존재라고 생각하게 됩니다. 이것은 윤리를 거부하는 에고이즘으로 귀착합니다.

　더구나 기술문명 속에서는 '잘' 산다는 것은 무릇 소리에 둘러싸여 남들보다 더 효과적으로 산다는 것이며, 이미 생명을 바칠 만한 가치를 위해서 사는 것은 아니라고 생각하게 됩니다. 도리어 모든 것이 자신의 생명을 위해서만 소용이 되어야 한다고 생각하게 됩니다. 따라서 기술연관 속에서, 즉 모든 선진국의 사회 속에서 윤리는 잊혀 가고 있는 것입니다.

가령 일본의 경우를 보면, 고등학교에서 윤리는 이미 교과목에서 사라지고 대학에서도 옛날과는 달리 윤리학이 모든 학생의 필수 과목은 아닙니다. 그리고 사회에는 이른바 행동 지침이 있긴 하지만, 그것은 기술연관 속에서 살아가는 존재로서 어떻게 기계를 조작하느냐는 조작 지침인 동시에 기업체의 일원으로서 어떻게 노동하느냐는 업무규칙입니다. 그런 의미에서의 지침은 있지만, '인간으로서 무엇을 이상으로 삼고 어떻게 행동해야 하느냐'는 것을 생각하는 윤리학은 이미 없어졌다고 해도 과언이 아닙니다. 누구나 그래도 좋다고 생각하지는 않는데도 사실이 그렇게 되어 있습니다. 달리 말하자면, 누구나 윤리가 중요하다고 생각하고 있긴 하시만, 윤리가 무력하게 되어 있는 것입니다. 그렇다면 왜 그렇게 되었는지 생각해 보아야 하겠습니다.

윤리가 기술 사회에서 잊히는 이유는 어디에 있을까요? 그것은 윤리학이 현실 속에서 아무런 윤리적인 힘도 갖지 못하기 때문이 아닐까요? 다시 말해서 인간의 이콜로지컬한 변화가 인간 생활에서의 윤리적 상황을 변화시켰는데도, 윤리학은 구태의연한 생각에만 매달려 있기 때문이 아닐까요? 우리는 이것이 사실이라는 점에 주목하지 않으면 안 됩니다.

기술은 세계를 어떻게 변화시키고, 윤리학은 어떤 상태에 있는 것일까요? 가령 가장 알기 쉬운 것으로서 생명 윤리의 문제가 있습니다. 오늘날 생명 과학이나 의학의 진보로 말미암아 성性에 관해서도 또 의료醫療에 관해서도 윤리와 상관되는 문제들이 산적해 있고 또한 여러 가지 새로운 문제들이 목전에 생겨나고 있습니다. 그런데도 윤리의 쪽에서는, 즉 철학자들의 쪽에서는, 그런 문제들에 대한 찬반은 어떻든 간에, 논거論據가 단단한 발언은 적극 나오지 않고도 나온다 하더라도 주목의 대상이 되어 있지 않습니다.

성병性病의 극복은 인류를 위해서 매우 유익한 것이기는 합니다. 그러나 그 결과로 성병을 두려워하지 않는 성의 해방이 왔고, 성에 관해서 억제 없는 자유화가 주창主唱되고 있습니다. 분명히 성의 분야에는 어느 시대에도 원칙과 사실 사이에 낙차가 있었습니다. 그러나 우리는 오늘날 성에 관한 원칙은 무엇인지를 분명하게 생각하지 않으면 안 됩니다. 그렇지 않으면 제1장에서 말한 것처럼, 성교의 한계에 관해서 아무런 논거도 못 갖추고 청소년을 교육할 수조차 없게 될 것입니다.

혼전 성교나 혼외 성교의 인정 여부를 두고 각각 그 근거를 제시할 필요는 없겠습니까? 또한 성기性器를 비롯한 육체의 접촉에 의한 동성애는 윤리적으로 어떻게 생각해야 하겠습니까? 유태교나 기독교와 같이 성서에 근거를 둔 윤리 신학을 윤리학과 결부시킬 가능성을 가지고 있는 전통의 내부에서조차 그 논점이 순수 이론적으로 분명하게 제시된 것은 아닙니다.

에이즈AIDS가 남성 간의 동성연애자에 많다고 해서 그것을 천형天刑으로 본다는 따위의 사고방식만으로는 안됩니다. 그렇다면 에이즈가 매독처럼 치유될 수 있는 날이 올 때는 이미 그것을 두려워하지 않게 될 것입니다. 따라서 그런 부수현상에 좌우될 것이 아니라, 성기와 관련된 동성애에 관해서 그 시비를 윤리적으로 생각하는 것이 필요한 것입니다.

마찬가지로 성전환히기나 염색체를 좌우힘으로써 남녀의 성별을 결정해도 좋은가, 또 DNA(유전자) 조작의 한계를 어떻게 설정할 것인가 하는 문제도 있습니다. 그런 문제들은 모두 개인의 자유에 속하거나 어떤 단체의 권위적 결정에 따르는 것이며, 윤리적으로는 중립적인 문제라고 생각하여 윤리학의 과제에서 벗어나게 해도 좋을까요? 인간이 운명으로서 감수해야 할 것이 있는가, 그리고 그런 인식에서 출발하여 개성의 자유로운 전개가 가능해지는 것과 이와는 달리 인간이 인력으로 바꾸어야 하는 것이 따로 있는가 하는 따위의 문제들을 윤리로서 고찰하는 것은 절대적으로 필요하며, 그 기초로서 형이상학이 요구된다고 생각됩니다. 다시 말해서 형이상학적인 바탕이 마련된 새로운 윤리학이 구상되어야 합니다.

의학의 경우를 보면, 그것은 오늘날 자주 의학 윤리나 생명 윤리학의 테두리에서 의학적 기술의 프리텍스트(자기변호)처럼 논의되고 있는데, 그런 현상現狀으로 좋겠는지요? 분명히 생명이 구해질 수 있다면 더할 나위 없습니다. 그러나 그것이 남의 장기臟器를 빼앗고 남의 생명에 대한 침해가 되는 가능성이 있는 것이라면 과연 인간적으로 허용될 수 있는 것인지 아닌지 진지하게 생각해 보아야 합니다. 우리는 장기 이식의 정당성 여부를 조급히 단정적으로 판단하지 말고, 그것에 부수하는 많은 행위를 포괄적으로 고려하면서 윤리상의 문제를 생각하지 않으면 안 됩니다.

이런 문제를 근본적으로 생각하는 철학자들을 전혀 참여시키지 않는, 혹은 극소수밖에는 참여시키지 않는 윤리위원회만으로써 사태를 해결하려고 하니 어찌된 일입니까? 이런 문제를 줄곧 생각하고 있는 사람들은 발언할 자리조차 없는 것이 실상입니다.

이런 일들은 모두 과학 기술의 가능성이 앞질러 가서 인간의 욕망 달성이 가능해졌기 때문에 '이것이 바로 힘이다'는 생각이 지배적이 되고, 힘을 규정規整하는 윤리를 사람들이 싫어해서 생긴 것입니다. 그러나 더 큰 문제는 많은 철학자가 시대에 대응하지 못하고 있다는 사실에 있습니다. 철학은 시대의 어려운 문제와 마주쳐 악전고투하면서 시대가 나아갈 방향을 보여주어야 합니다. 방금 말한 바와 같은 문제에 직면하여 철학은 윤리학으로 구체화하여서 시대를 이끌어 나가야 합니다.

나는 지금까지 우리가 생각해 보아야 할 문제 중에서 단지 몇몇 경우만을 들었을 따름입니다. 그러나 그것만으로도 다음의 네 가지의 것이 분명해졌다고 생각합니다.

⑴ 왜 에코에티카가 필요한지 그 이유가 밝혀졌다.

⑵ 앞으로 에코에티카가 생각해야 할 과제의 샘플sample
이 일부나마 제시되었다.

⑶ 그것은 모두 더 잘 살기 위해서 직면하게 되는 비근한

문제들이다.

(4) 에코에티카는 기술사회 또는 탈_脫기술사회의 현재 및
　　미래에의 행위의 지표를 세우기 위한 학문이다.

　윤리나 도덕의식 일반의 싹으로서 속담이 있다는 것은 주
지의 사실입니다. 속담에는 도덕의식이 배어 있어서, 그것이
전개되면 충분히 체계적 윤리학에 이바지할 수도 있습니다.
따라서 그 반대로 어떤 속담이 통용되지 않을 때는 그것에
의지해 오던 도덕의식이 엷어지고, 그 위에 세워진 윤리학의
체계가 무너져 가는 것이라고 말하지 않을 수 없습니다.

　가령 '이웃사촌'[5]이라는 말이 있습니다. 그 말도 일종의
속담이라고 볼 수 있을 텐데, 그 뜻은 어려운 경우에 도움이
되는 것이 '멀리 사는 친척보다도 가까이 사는 남들'이라는
것입니다. 다시 말해서 좁은 지역에서 함께 사는 사람들이
서로 도와야 한다는 것을 의미하는 이 말은 일상적으로 친밀
한 관계를 유지하기 위한 일종의 도덕의식의 표현입니다.
그리고 가까운 타인과의 상호 부조의 그룹을 형성하는 것이
자기의 집을 중심으로 맞은 편 세 집과 좌우의 두 집을 합하

---

5. 원문은 '向こうさんげん(三軒)りょうどなり(兩隣)' – 직역하면 '자기의 집의 맞은편에 있는
　세 집과 좌우의 두 집'이라는 뜻. 늘 가깝게 사귀는 이웃을 가리키는 말.

여 모두 여섯 집이라는 것입니다.

　그러나 오늘날 기술 사회에서 일반화되고 있는 도로道路의 상황을 보면, 양옆의 집은 여전히 이웃이라고 할 수 있겠지만, 맞은 편 세 집은 반드시 그렇다고는 말할 수 없습니다. 앞집들은 넓은 대로의 저쪽에 서 있고 자동차의 왕래가 심해서 얼른 거기로 달려갈 수가 없습니다. 도시 구조 속에는 고정된 지리적 조건에 덧붙여 다이내믹dynamic한 교통 조건이 끼어들고 있기 때문에, 이웃이라는 개념도 당연히 달라집니다. 그러한 다이내믹한 교통 조건의 개입으로 말미암아, 자연적 지리에 바탕을 둔 공간 질서가 파괴되기에 이른 것도 기술 연관의 한 가지 특색입니다.

　오늘날에는 가령 도쿄의 지요다구千代田區에 있는 나의 연구소에서 나가면, 신칸센新幹線으로 나고야名古屋에 가는 것이 도쿄도東京都 내의 하치오지八王子[6]에 있는 대학 세미나 하우스로 가는 것보다 더 빠릅니다. 걸어서 다녔던 시절에는 도중에 몇몇 산이나 언덕이 있다 해도 에도江戶[7]에서 하치오시로 가는 것이 나고야로 가는 것보다는 절대적으로 빨랐던 것입니다.

---

6. 도쿄시내의 서쪽에 있는 작은 도시.
7. 도쿄의 옛이름.

이러한 기능적 공간 질서가 자연적 공간 질서에 맞서서 성립하는 경우에 덧붙여, 전화와 같은 매개의 경우를 생각해 봅시다. 그러면 전화를 가진 멀리 있는 벗이 전화로 통하기가 어려운 가까운 이웃보다도 더욱 가까운 이웃이라고 말할 수 있을 것입니다. 또한 편리하지만 무섭기도 한 구급 전화, 즉 비인격적非人格的인 연락망이 만일의 위급 시에는 공간적인 이웃보다도 더 도움이 되는 수도 있습니다.

나는 이런 것이 나쁘다고 말하려는 것은 아닙니다. 전화가 있는 덕택에 얼마나 많이 바람직한 일들을 이룰 수 있는지 우리는 인정하지 않을 수 없습니다. 그러나 동시에 이것이 윤리학에 대해서 큰 과제를 안겨준다는 점도 생각해 보지 않으면 안 됩니다. 다시 말해서 급한 환자를 구한다거나 침입자에 대처하려고 할 때 옛날에는 이웃 사랑에 기대를 걸었습니다. 한데 오늘날에는 그런 행위가 기술적, 법적으로 정비된 비인간적인 조직에 이해서 한결 적절하고 한결 신속하게 이루어질 수 있다는 사실을 생각해 보아야 합니다.

가령 이웃집에서 이상한 소리가 나거나 분명히 도움을 청하는 비명이 들려올 때는 구급 전화를 거는 것이 힘도 없는 자기 자신이 스스로 뛰어나가는 것보다 낫다고 여기게 됩니다. 거듭 말하지만 이것은 결코 나쁜 일이기는커녕 효과적이라는 것을 나도 인정합니다. 다만 이런 일로 말미암아 이웃 사랑에 깃들어 있는 인간성의 뜻깊은 중요성이 상실되고, 이웃 사랑은 일상생활의 말초적인 현상이 되고 말았습니다.

이웃 사랑의 의미가 다소 잊힐 때, 도대체 사랑은 어떻게 되느냐는 것을 생각해 보아야 합니다. 이웃 사랑이란 선택의 자유가 없는 사랑입니다. 비록 싫은 사람이라도 그가 이웃이라면, 자기 자신을 사랑하듯이 그를 사랑해야 합니다. 그것은 운명적으로 이웃이 된 사람에 대한 사랑이니까, 이 경우 사랑은 명령으로서 있는 것입니다. 다시 말해서 주어진 대로의 이웃을 사랑해야 한다는 말입니다. 그러나 방금 말한 것처럼 오늘날에는 이웃 사랑은 크게 필요하지 않고, 차라리 법적 기술적으로 조직된 기구機構를 이용하는 것이 모든 점에서 효과적입니다. 또한 자신이 난처할 때도 이웃에게 부탁하는 것보다는 구급 전화를 거는 것이 낫습니다. 한데 이러한 편리한 구조로 말미암아 사랑은 선택 사유의 결과로서만 존재하게 됩니다. 이리하여 사랑이란 명령으로서가 아니라 호불호好不好에 의해서 성립되는 것이라고 여겨지게 됩니다.

사랑은 윤리학의 기초의 하나입니다. 공자孔子가 말하는

인仁도, 석가의 자비도 또 그리스도의 사랑도, 어떤 감정이나 생리적 욕망과 똑같은 자리에 놓일 수 있는 것이 아니라 도덕적인 명령이었습니다. 일찍이 그런 사랑이 있었다는 것을 오늘날 몇 사람이 정녕 생각하고 있을까요? 적어도 내 주위에 있는 수많은 일본의 학생들이나 유럽의 학생들 사이에서는 '사랑은 도덕적 명령이다'는 생각은 일상적인 의식에서 사라졌다고 해도 지나친 말이 아닙니다. 아니, 우리 자신이 사랑이란 명령이며, 어려움을 무릅쓰고 실천해야 할 사랑이 있다는 것을 잊어버리고 있습니다.

이러한 상황에서는 종교와 윤리의 관계는 제1장에서 언급한 바와 같은 균열龜裂을 넘어서서 아예 단절되는 경향이 있으며, 종교가 윤리에 미치는 설득력도 약화하고 그 상호간의 의존도도 감소합니다. 또한 행동을 결정하는 의식의 일반적 기반이 감정, 생리적 쾌감, 경제적 이익, 기술적 효과와 같은 것으로 기울어져서, 경제력으로서의 도덕성은 적어도 공공 기관에서는 없어져 가고 있다고 해도 과언은 아닙니다.

그러나 이런 현상은 기술 사회에 사는 일반인들만이 져야 할 책임은 아닙니다. 우리 철학자가 종래의 윤리학에 의지해서 자연만이 환경이었던 시대에 성립했던 도덕을 오직 그 수준에서만 주장해온 책임도 있는 것입니다.

내가 보기에는 종래의 윤리는 지각 범위와 행동 범위가 대략 일치하는 터전에서의 행위를 행동반경으로서, 행위의 규범으로서 생각해온 대면윤리對面倫理, ethica ad faciem이었습니다. 그러나 기술연관이 환경으로서 끼어들면 이 대면윤리만으로서의 윤리는 어떤 의미에서는 끝장이 난다고 생각됩니다. 물론 일상적인 인간관계에서는 대면윤리가 그대로 존속하겠지만, 넓은 의미의 윤리에는 대면 윤리를 벗어나는 것이 생깁니다. 여기에는 두 가지 경우가 있습니다.

첫째로는 지각 범위가 넓어서 행동 범위가 그것에 못 미치는 일이 있습니다. 앞서 말한 것처럼 앞집에서 어린애가 넘어져서 다친 것을 보았을 때, 얼른 달려가려고 해도 자동차의 극심한 왕래 때문에 도로의 반대쪽으로 갈 수 없는 경우가 그렇습니다. 그래서 할 수 없이 사고가 생긴 맞은편의 한 집을 향해서 "아이가 다쳐서 피가 나요. 빨리 구해 주세요"라고 외쳐 보시만, 그 복소리는 지워지고 맙니다. 그렇다고 해서 그 이웃에 사는 사람들의 전화번호가 당장에 생각나지도 않습니다. 그 번호를 적어둔 종이쪽지가 얼른 호주머니에서 나온다고 믿고 있을 수도 없습니다. 그래서 구급 전화를 걸게 됩니다. 그런데 만일 그 구급 전화를 받아야 할 경찰서가 공교롭게도 개축 중이어서 평상시대로 가까운 곳에 있지 않다고 하더라도 나 자신이 일부러 다른 경찰서로 달려가서 급한 사정을 말할 필요는 없습니다. 왜냐하면, 전화는 어디라도 연락이 될 수 있기 때문입니다. 따라서 이 둘째 경우에는 지각 범위를 넘어서서 전화로 인해 행동 범위가 넓어진 것이 됩니다.

다시 말해서 전에는 지각 범위와 행동 범위가 일치되어 있었는데, 기술사회에서는 지각 범위가 더 넓은 때도 있고 반대로 행동 범위가 더 넓은 때도 있는 것입니다. 이렇듯 대면윤리를 넘어서는 문제는 매우 중요합니다. 통신이 발달한 현대에는 목소리가 들린다는 의미에서의 이웃관계를 의식하게 하는 것은 전화입니다. 그러니까 장난삼아서 한밤중에 남을 협박해 볼까 하고 생각한다면 그것도 가능합니다. 또한 한밤중에 밖으로 나가서 이웃집의 문을 두드리고 "너를 죽이겠다"고 떠드는 것은 남의 이목도 있어서 할 수 없는 일이지만, 전화로라면 못할 것도 없습니다. 그래서 비겁하게도 지인知人에게 그런 짓을 하는 사람도 생겨납니다. 다시 말해서, 외적外的인 수치심을 겪지 않고 또 아무도 모르게 그 정도의 나쁜 장난은 쉽사리 할 수 있게 되어 있는 것입니다. 무언無言 전화도 그런 것과 똑같은 짓입니다.

팩스가 일반화되어 있기 때문에 앞으로는 필적을 판별할 수 없는 워드 프로세서word-processor를 이용해서 쓴 괴문서가 엉뚱한 곳까지도 발송될 수 있을 것입니다. 낯모르는 이웃의 활동 범위도 불가분 확대일로에 있습니다. 이것은 오늘날의 인간이 불특정다수不特定多數의 인간과 '낯모르는 이웃'으로 되어 있다는 것을 의미합니다. 그리고 이것이 기술사회의 현실입니다.

5. 기능 동물화機能動物化하는 인간

그러니 21세기를 눈앞에 두고 있는 오늘날, 과학기술이 문화를 돕고 있으면서도 다른 한편으로는 그것을 해치려고 하는 어려운 윤리적 상황의 시대에서, 우리는 새로운 덕목을 만드는 노력을 쌓아 나가지 않으면 안 됩니다. 그 점에 대해시 생각해 봅시다.

인간의 역사를 보면, 이미 말한 것처럼 도덕이나 윤리는 조금씩 전보하고 있습니다. 인간이 도덕적이 되었느냐 아니냐는 것은 별문제로 하고 도덕에 대한 동경의 표현으로서의 덕은 조금씩 늘어나고, 명칭은 같다 해도 예부터의 덕의 의미 내용 역시 달라져 온 것이 우리의 상황입니다. 한데 오늘날 이렇게도 큰 혁명적 사건이 있는데도, 즉 기술연관이 인간을 에워싸고 있는데도, 인간은 새롭게 자각하여 도덕의 문제를 고쳐 생각하려 하지 않으니 어찌 된 일인지 따져보지 않으면 안 됩니다.

아주 흔한 일로 내 방을 둘러보아도 상당한 기술적 무장武裝이 되어 있습니다. 시계, 디스크 플레이어, 카세트, 냉난방이 있습니다. 한데, 그런 물건들에 관해서 나는 어떠한 언어를 사용하고 있는 것일까요? 새로운 카세트를 사면서 "이것을 어떻게 씁니까?"라고 물으면, 점원은 "이 단추를 누르면 녹음이 됩니다. 이 단추를 누르면 앞으로 되돌아갑니다"고 가르쳐 줍니다. 그러면 아마도 대부분의 사람은 나와 마찬가지로 "네, 알겠어요"라고 말할 것입니다. 그러나 무엇을 알았다는 것일까요? 사실은 아무것도 모르고 있는 것입니다. 안다는 것이 그렇게 간단한 것일까요? 단추를 누르면 어떤 상태가 되고 어떤 기능이 생기는지를 알아들었다는 것은 단지 조작기술을 알았다는 것뿐입니다. 왜 이 단추를 누르면 소리가 녹음되고 왜 저 단추를 누르면 텔레비전의 채널이 바뀌는지, 그 이유를 알 때야 비로소 정말로 아는 것이 되는 것입니다.

우리는 아무것도 모르면서 알았다고 말합니다. 다만 조작 방법만을 외우고는 이해했다고 말한다면, 그것은 언어에 대한 배반이 아니겠습니까? 기계의 세계를 대할 때, 우리는 요새 유행하는 말을 빌리자면 블랙박스black box를 대하고 있는 것과 같습니다. 그 속의 장치를 전혀 모르면서도 그 큰 상자의 조작법만을 이해하고는 제 딴에는 정말로 알았다고 생각하는 것입니다. 놀라운 상자를 앞에 두고 있지만, 그것을 조작하는 방법만 알 뿐, 그 조직이 기능하는 이유에 대해서는 아무것도 모르면서 말입니다. 그 기계를 파는 사람도 역시 모릅니다. 단지 만든 사람만이 겨우 아는 데 불과합니다. 판매원도, 우리도 단추 누르기를 제외하고는 아무것도 이해하지 못합니다. 모르면서도 "알았다"는 말을 하고 있을 따름입니다.

결국, 인간의 자랑인 지성은 발휘되지 않고, 그때그때의 요구에 따라 어떤 단추를 누르면 어떤 작동이 이루어지는지를 분간하는데 지나지 않습니다. 마치 개가 아무것도 모르면서도 "기다려"라고 하면 야단 맞을까 봐 꾹 참고 기다리고 "좋아"라고 하면 먹는 것과 마찬가지로, 말의 뜻은 모르면서 반응만을 할 수 있는 것에 불과합니다. 내 말이 거짓이라고 생각한다면, 조금씩 말투를 바꾸어서 "앉아"라고 하기

전에 "좋아"라고 해 보십시오. 그래도 개는 앉습니다. 다음으로 "기다려"라는 말 대신에 또 한 번 "앉아"라고 해도 개는 대부분은 "기다려"라는 말을 들었을 때와 똑같은 모양으로 기다립니다. 그리고 세 번째로 "앉아"라고 하면 먹기 시작하는 개도 있습니다. 아무것도 모르고 소리가 나오는 순서에 따라서 그것에 상응하는 모양을 갖추는 개가 많은 것입니다.

인간도 그렇게 되어가고 있다면 기술연관이라는 새로운 사회에서 기능동물로 전락하는 면이 있다고 하겠습니다. 인간 역시 알지도 못하면서 알았다고 말하는 점에서 이해가 조작操作으로 실추失墜하고 만 것입니다. '안다'는 것을 무시하고 길들이기에만 성공하면 된다고 생각한다면, 그것은 제 아이를 동물과 같이 다루는 것과 큰 차이가 없으며, 자신도 어느 틈에 서커스의 동물 사육자가 되고 말았다고 해도 좋겠습니다. 아니, 차라리 자기 자신이 어느 틈에 동물이 되어 버렸다는 것을 깨달아야 할 것입니다.

이와 똑같은 일이 도덕의 세계에도 존재합니다. '수신修身'이라는 학과[8]에는 국가주의적인 경향을 위시하여 여러 가지 결함이 있기는 했습니다. 그러나 예전의 일본의 학교는 덕행德行의 전형을 보임으로써 도덕을 지적知的으로 생각하게 하는 습관을, 이 '수신' 이라는 유교적인 단어로서 길러 왔습니다. 그런데 패전 후에는 개선이나 보편화를 위한 방안을 궁리하지도 않고, 그 습관을 자못 간단히 내던져 버린 것은 애석한 일입니다. 다만 그 당시에는 단지 수신의 명목으로 젊은 사람들의 행동거지를 길들이기만 하면 문제없다고 생각했었습니다. 이리하여 겉으로만 본다면 잘 되어 나가는 것 같았습니다. 그러나 그것만으로는 행위를 위한 이론적인 근거가 없어서 그것은 풍전등화風前燈火와 같아 큰 위기가 닥쳐오면 마구 무너질지도 모르는 것이었습니다.

사실이 그랬습니다. 적장敵將 스테셀Stessel을 정중히 대접한 노기 장군은 수신의 가르침을 터득한 사람이었습니다.[9] 그러나 야미시타山下 중장은 퍼시발Percival 중장에게 무장武裝을 해제하고 오라고 명령하고 책상을 치면서 외쳐댔습니다.[10] 무사도武士道조차 지키지 않았던 것입니다. 그런 점에서 볼 때 아무리 어렵게 생각될망정, 현대 사회에서 새로운 덕목을 구하고 새로운 도덕 원리를 구하기 위한 이론적 용기를

---

8. 제국주의 시대의 일본 교육 당국이 국민윤리 함양을 위해서 설치했던 교과목. 그 명칭은 물론 『대학』에서 따온 것이다.
9. 청일전쟁 때의 일. 여순(旅順)이 함락되었을 때, 승리한 일본군 사령관 노기 마레스케(乃木希典)가 패장인 스테셀을 만나고 극진히 예우했다는 일화가 있다.
10. 태평양전쟁 초기에 일본군이 싱가포르를 함락시켰을 때의 일. 야마시타와 퍼시발은 각각 일본군과 영국군의 현지 사령관.

우리가 서로 발휘해 나가야 한다고 생각합니다.

　인간은 동물과는 달라서 예술을 만듭니다. 다음의 세대가 누릴 수 있는 대상으로서, 그리고 또 인류의 가능성이 이토록 희한한 것임을 후대에 알리기 위해서, 예술적 걸작을 되도록 길게 남기도록 노력해야 하는데, 바로 이러한 일이 도덕이 아니고 무엇이겠습니까?

　그렇다면 생각해 보아야 합니다. 여러 번 말한 것처럼 지금까지의 윤리학은 인간 상호 간의 윤리학이었습니다. 한데 이제는 그런 차원뿐만 아니라, 자연 기술 문화에 관해서도, 그런 것을 직접적인 대상으로 삼는 윤리가 있다는 것을 생각하지 않으면 안 됩니다. 이 점에서 바로 에코에티카의 대상 확대가 생깁니다.

　가령 법률적으로 볼 때는 약간의 입장료만 치르면 천고千古의 걸작이 즐비해 있는 미술관에 들어갈 수 있습니다. 그것은 참으로 고마운 일입니다. 법으로 정해진 그 입장료와 국민이 내는 세금에 의해서 미술관은 관리비와 유지비를 마련하고 그 모든 걸작을 간직해 나갈 수 있습니다. 법적으로는 그런 형식으로 문화재가 지켜져 나갑니다. 그러나 돈을 치르고 들어와서도 작품을 훼손하는 사람이 있습니다. 입장료를 받지 않는 성聖베드로대성당에서 일어난 일이지만, 미켈

란젤로의 명작인 피에타를 망가뜨린 사람이 실제로 있었습니다. 문화재에 대한 이러한 비도덕적인 악행惡行도 법률상으로는 기물 파손죄나 문화재보호법 위반으로서 가볍게 처벌될 따름입니다.

이러한 일을 도덕에서는 무엇이라고 부르면서 탓하고 있을까요? 그것이 부도덕하다는 것을 가리키는 도덕상의 명칭은 아직도 없습니다. 남의 것을 망가뜨려서는 안 된다고만 말한다면, 책상 하나를 부수는 것이나 레오나르도 다 빈치의 그림에 잉크 칠을 하는 것이나 똑같은 것이 되고 맙니다. 그렇다면 그 두 가지를 어떤 이름으로 구별해야 좋을까요?

6. 비근한 에코에티카

이렇게 생각할 때 에코에티카의 문제는 비근한 곳에 많이 있다고 여겨집니다. 그리고 비근한 곳에서 목소리가 나오지 않는다면 학문은 사회의 것이 되지 못한다고 생각합니다. 그래서 내가 지금까지 서둘러 이야기한 것에 다소라도 의미가 있다면, 그것은 윤리나 도덕은 비근한 곳에서 태어나서 살고 있다는 것, 바로 그런 이유에서 윤리가 없어지면 인간은 비근한 곳에서부터 무너지고 정말로 인간이 아니게 되며, 기술연관 속에서 기능동물이 되어 버린다는 것입니다. 단지 환경에 순응하면서 산다는 것은 동물이 하는 짓이기 때문입니다. 인간은 환경을 바꾸어 왔습니다. 춥다고 해서 몸을 움츠리지만 않고 난방 장치를 만듭니다. 소리가 작다고 해서 가까이 달려가지만은 않고, 많은 사람에게 들리도록 마이크를 만듭니다. 이렇듯 인간은 환경에 지지 않으면서 기술적으로 환경을 바꾸고 자연환경을 넘어서는 노력을 해 왔습니다.

그럼에도 오늘날 이렇게 새로 만들어진 기술연관이라는 환경에 무저항적으로 순응해 가기만 한다면, 인간은 지금까지 환경을 넘어서려고 해온 역사를 배반하고 인간다움을 상실하게 될 것입니다. 그렇게 되면 도덕이 황폐荒廢하는 것은 당연합니다. 그리고 도덕의 황폐는 정신의 황폐로 이어진다고 생각합니다.

그런 의미에서 우리는 새로운 도덕을 세우고 인간의 품위를 지킬 노력을 해야 합니다. 이것이 에코에티카의 작업입니다. 다만 이 경우, 나는 어차피 별로 도덕적으로 살아갈 만한 사람이 못되니까 그런 생각을 하는 것은 주제넘다고 생각하지 않기를 바랍니다. 인간은 모두 같습니다. 신의 눈으로 보면 죄인이 아닌 사람은 없습니다. 운수가 나빠서 무슨 나쁜 짓을 저지르고 마는 사람과 나쁜 짓을 생각하면서도 그 무엇이 지켜주어서 이럭저럭 무사하게 지내온 사람의 차이가 있을 뿐입니다.

이렇게 약한 인간이 어떻게든지 함께 살아가기 위해서는, 그대로 버려두면 어떠한 악惡이 퍼지게 될지도 모르는 이 기술연관 속에서 도덕을 만들어 나가고 지켜나가지 않으면 안 됩니다. 나쁘고 약하다고 스스로 여긴다면 그럴수록 더욱 도덕에 대해서 생각하도록 합시다. 도덕은 자신의 악을 가늠하기 위해서 있는 것으로 생각해도 좋겠습니다. 악의 잣대가 있어야만 비로소 거기에서 조금이라도 기어오르려는 마음이 생기는 것입니다.

나는 도덕에 관해서 쓰고 있지만 나 자신이 도덕이나 윤리로서 남에게 자랑할 만한 것은 하나도 없습니다. 구태여 말하자면 내 속에는 악이 산더미처럼 있습니다. 그러나 꼬집어 말하시 않아도 서로 알고 있는 일이라고 생각합니다. 서로가 용서해 주기 위해서 말입니다.

그러나 서로 용서하는 것이 서로 더럽히는 것이 되어서는 절대로 안 됩니다. 서로 용서한다는 행위의 밑바닥에는 인류의 미래를 바라보게 하고 동경憧憬의 대상에 가까이 가게

하는 그런 도덕적 연줄이 있습니다. 그것을 꼭 지킬 수는 없다고 해도, 되도록 그것에 가까이 가는 것이 조금이라도 인류의 행복을 기약하는 것입니다. 조금이라도 자신을 훌륭하게 만들기 위한 목표로서, 소중한 이상으로서 그것을 받든다는 마음가짐으로 서로 희망을 간직하면서 살아갔으면 합니다. 우리는 그런 도덕적 연줄로서 에코에티카를 세우려는 것입니다.

여기에서 다시 한 번 '이웃사촌'이라는 말을 생각해 봅시다. 오늘날 이웃이라고 해도 아파트에 살면 맞은편은 이미 이웃이 아닐 수가 있습니다. 그래서 양옆과 위아래가 중요하게 됩니다. 위아래가 중요하게 된다는 것은, 기본적으로는 소리의 문제가 있기 때문입니다. 소리가 일찍이 윤리의 문제로 대두한 일은 없었습니다. 왜냐하면, 사람이 소리를 낼 수 있는 상황은 한정되어 있고, 또 한밤중에도 소리를 지르는 일은 아마도 없어서 소리는 별로 윤리의 문제가 되지 않았기 때문입니다.

그런데 소리가 문제시된 최근에는 '음풍경音風景'이라는 말까지 생겼습니다. 여러 가지 매체가 매우 불쾌한 소리나 큰 소리를 내고 또 저주파低周波와 같이 심리적으로 여러 영향을 미치는 소리를 내기 때문입니다. 보기 싫은 것이 있으면 눈을 감으면 되지만, 듣기 싫다고 해서 귀를 막는 것은 생리적으로는 불가능합니다. 무슨 기구를 사용하지 않으면 귀는 막을 수 없습니다. 오늘날 소리는 인간의 자유를 여러 방향에서 위협하는 것이 되어 버렸습니다. 따라서 소리로서 남에게 폐를 끼치지 않는 것이 하나의 도덕으로서 확립되지 않으면 안 됩니다. 이것은 더구나 세상이 기술사회가 되어 소리를 내는 미디어가 많아지고 소리를 내며 작업하는 환경이 되었기 때문에 생긴 문제입니다. 특히 눈이 부자유한 사람에게는 이것은 큰일입니다.

현대에는 이런 문제들이 많지만, 이 장(章)에서는 주로 현대 문화에 관한 문제를 생각했고, 이 정도로 이야기를 마치려고 합니다. 다만 끝으로 확인해 둘 것이 있습니다. 그것은 새로운 윤리를 세워야 할 문제가 많으므로 윤리가 요구되고 윤리의 복권이 요구된다는 것입니다. 그만큼 윤리학자의 책임은 큰 것입니다.

따라서 우리는 불가분 새로운 윤리를 생각해 나가지 않으면 안 됩니다. 그리고 이를 위해서는 우리와 같이 윤리학을 학문적으로 다루는 연구자뿐만 아니라, 현실적으로 여러 가지 문제에 직면하고 있는 현장의 분들이 문제를 제기해 주어야 합니다. 여러 전문 분야로부터의 의견과 시민으로서의 생각이 서로 제시되고 토의되는 형식으로 도움이 있기를 바라는 것입니다.

다만 이 경우에 복무 규정이나 업무 규칙의 확립 따위만으로 윤리의 문제가 해결되었다고는 생각하지 않기를 바랍니다. 어떤 특정된 일의 복무 규정에 관해서는 그 일의 내용을 모르는 윤리학자의 발언은 미약할 것입니다. 그러나 복무 규정이나 업무 규칙은 윤리에 의거해야 하며, 그런 것 자체는 아직 윤리라고 할 수는 없습니다.

한데, 윤리학의 가장 구체적인 특색은 덕목德目에 있습니다. 그렇다면 어떠한 덕목이 에코에티카의 덕목으로 생각될 수 있을까요?

제 3 장

새로운 덕목론

1. 윤리의 구체상으로서의 덕

누구라도 새삼 "덕이란 무엇인가"라고 스스로 묻는다면, 적절한 정의를 내리기가 어려울 것입니다. 플라톤이 이네아의 존재를 증명하고 있는 『메논』이라는 중요한 대화편에서도 덕이란 무엇이냐는 물음으로부터 출발해서 그 물음으로 되돌아가고 있습니다. 덕이란 그 정도로 다루기 어려운 개념이지만, 그렇다고 덕을 모르는 사람이 있느냐 하면 그런 사람은 찾아볼 수 없을 것입니다. 다시 말해서 덕은 모든 사람에게 양해된 관념입니다. 그리고 앞장의 끝에서도 말했지만, 윤리학의 체계를 가장 구체적으로 나타내 보이는 것은 그 체계가 어떤 덕목의 질서를 내포하고 있느냐는 것입니다.

가령 유교의 윤리는 그 기본 덕cardinal virtues으로서 인의예지신(仁義禮智信)의 오상五常을 들고 있는데, 우리는 그것으로 덕이 어떤 것인지를 대충 추측할 수 있습니다. 한편 고대 그리스의 폴리스(도시국가)의 윤리로서 아리스토텔레스가 들고 있는 네 가지의 기본 덕, 즉 정의 용기 지식 절제를 상기하면 그것이 어떤 것인지를 대개 이해할 수 있습니다.

제2차 세계대전으로 달려가던 일본 군벌이나 우익 사상의 윤리는 충군애국忠君愛國이나 일사보국一死報國과 같은 것을 덕으로 삼았는데, 그 당시 소년이었던 우리조차도 그것이 인류애를 타이르는 기독교 윤리와는 전혀 다른 폐쇄적인 국가주의의 윤리라는 것을 알았습니다. 참고로 말하면 기독교의 윤리는 신망애信望愛, 즉 신앙 희망 사랑의 세 가지를 가장 중요한 덕으로 삼고 있습니다.

이런 점으로 보아 에코에티카가 무엇을 덕으로 주장하며 어떤 덕목의 리스트를 가지고 있느냐는 것을 알면, 에코에티카에 대해서 지금보다 한결 분명한 구체 상을 파악할 수 있게 될 것입니다.

에코에티카는 새로운 윤리학이지만, 인간으로서 소중히 여겨야 할 덕을 모두 새롭게 제시하겠다는 것은 물론 아닙니다. 그것은 종래의 윤리학에서 많은 덕목을 계승하지만 새롭게 설정하는 덕목도 있습니다. 그러지 못한다면 에코에티카가 새로운 윤리학으로서 제시될 수는 없을 것입니다. 윤리학은 덕론德論 내지는 덕목론(아레톨로지, aretology)만은 아니지만, 덕론이야말로 윤리 체계를 가장 구체적으로 보여주는 것입니다.

그러나 과연 새로운 덕목이 창조될 수 있는 것일까요? 도덕이나 윤리는 예부터 내려온 덕을 사람들이 계승한 것으로서 존속해왔으며, 차라리 덕을 줄임으로써 이 세상이 근대화되어 온 것이 아닐까요?

가령 태고 시대의 아시아에서는 황제가 죽으면 시종들이 함께 무덤으로 들어가서 순사殉死 하는 풍습이 있었으며, 이 풍습을 따르는 것이 훌륭한 덕이 되었습니다. 메이지明治 천황의 장사 날에 '대군大君의 뒤를 따라서' 자살한 노기乃木장군 부처는 이러한 순사의 가장 새로운 예의 하나입니다. 그러나 이런 일은 개인 실존의 독자성을 부정하는 것입니다. 노기 장군의 경우처럼 진실로 자신의 결단과 각오에 따라서 자살하는 것은 별문제겠지만, 그런 일이 강요로 이루어진다면 극히 비인도적인 것이 됩니다. 그래서 순사는 일본에서도 예부터 금지됐습니다. 하니와埴輪[1]가 그 대신 만들어진 부장품으로 알려졌습니다.

이렇게 보면 덕목의 폐지는 있었어도 그 창설은 없었던 것이 아닐까요? 윤리학은 고래의 미풍을 되도록 유지하려는 장로長老들의 목소리가 아닐까요? 그러나 정녕 그런 것일까요?

2. 덕목 창조의 역사

윤리학의 역사는 혁명의 역사라고 나는 생각합니다.

가령 위대한 철학자 플라톤은 그의 대저大著『국가론』에서 가정을 부정하고 있습니다. 이 생각은 그대로 역사적 사실이 되지는 않았습니다. 그러나 오늘날 아이들이 학교 체류 시간, 기숙사 또는 하숙 생활, 여행 등으로 말미암아 집에 없는 시간 수를 합해 보면, 그들은 성장할 때까지 가정 밖에서

---

1. 옛적에 분묘의 위나 둘레에 세운 원통형의 토기, 또는 사람이나 동물의 형상.

많은 시간을 소비하는 것이 분명합니다.

이것은 무엇을 의미할까요? 부모의 애육愛育이 아이의 성장에 절대로 필요하다는 이유에서 가정을 존중하는 것이라면, 불행히도 부모를 잃은 아이는 어떻게 될까요? 그런 아이가 불리한 여건을 무릅쓰고 훌륭하게 자라는 것을 볼 때 가정의 의미는 따로 있다고 말해야 하겠습니다. 부부간의 사랑이 소중하다는 것도 가정의 존재 이유가 되지만, 현실적으로는 이혼하고 살상殺傷까지 하는 부부도 있습니다. 게다가 결혼은 사회적 폭력이 되는 수도 있습니다.

가정의 사회적 폭력이 어떤 것인지 한 예를 들어 봅시다. 흔히들 혼외婚外로 태어난 아이를 사생아라고 부르고, 아이에게는 아무 죄가 없는데도 부당하게 사회로부터 소외하려는 움직임이 예부터 있었으며, 특히 이른바 부르주아지의 의식 속에 깔렸었습니다. 1930년에서 40년 경까지도 호적에 사생아임을 밝힌다거나, 혹은 사생아라면 취직시험에서 떨어뜨리겠다는 따위의 생각을 하는 상황이 있었습니다. 이것은 어떤 의미에서는 가정의 사회적 폭력이라고 말할 수 있습니다.

이와 아울러, 불행히도 양친과 사별한 아이가 얼마나 괴로움을 당하는지를 생각해 보아야 합니다. 그런 일이 있기 때문에 어떤 나라에서는 키부츠[2]에서 아이들을 공동으로 기르고 교육한다는 플라톤식의 생각을 하고 그것을 시도하는 일도 있습니다.

만일 인간이 진실로 애정을 가지고 남을 돌볼 각오를 하고 또 그렇게 하는 것이 보장된다면 별다른 문제가 생기지 않을지도 모릅니다. 그러나 가정을 중시하는 사고방식에는 완전한 가정에 속하는 사람들만이 득을 볼 수 있다는 부정적 측면도 있습니다. 따라서 가정의 에고이즘에 대한 비판은 앞으로도 나올 것입니다. 가정이 없어진다는 것을 예상하면서 윤리를 세워나가려는 시도도 필요합니다.

일본은 사회주의 국가가 아닌데도 불구하고, 국익에 플러스가 되기만 하다면 사회주의 국가 이상으로 국가적 사회정책이 지배하는 측면도 있어서, 부富가 다음 세대로 크게 이어지지 않게 되어 있습니다. 다소 불공평하지만 태어나서부터 큰 부자라서 아무 일도 안 해도 된다는 가정은 점점 없어지게 되었습니다.

이와 반대로 원래부터 가난해서 학교에도 못 간다는 일도 비교적 적어졌습니다. 이리하여 앞서 말한 가정의 사회적

---

2. kibbutz- 이스라엘의 집단농장.

폭력, 즉 가정이 존재하기 때문에 생기는 사회적 차별은 사회 정책에 의해서 어느 정도 막을 수 있다는 것이 알려졌습니다. 그래서 플라톤처럼 급진적이 될 필요는 없다고 말하는 사람도 있습니다.

그러나 우리는 이러한 문제를 깊이 생각해 나가야 합니다. 혹시 틀렸을지도 모르지만 여러 학설을 서로 내놓고 학문의 차원에서 어떤 도덕적 지표를 세워나가야 합니다. 그렇지 않으면 교육의 면에서도 또 실생활의 면에서도 도덕은 전혀 무력하고 지난 시대의 그림자에 불과하다는 소리를 들어도 별수 없을 것입니다.

윤리적 측면에서 보면 니체, 마르크스, 프로이트 이후로는 철학이 아주 달라졌다고 생각됩니다. 니체는 이른바 신앙의 안이성을 매도하여 "신은 죽었다"고 말했습니다. 다시 말해서 신앙에 따르지 않는 도덕의 필요성을 역설했습니다. 마르크스는 사회적 계급의 차별이 왜 무시되고 있는가, 그리고 성실하게 노동하는 사람들이 착취당하는 사회를 왜 시인하는가 하는 문제, 즉 해방과 공정성의 실현이라는 문제를 제기했습니다. 프로이트는 인간의 삶과 직결된 성性의 문제에 대해서 왜 진지한 도덕적 고찰이 없느냐는 점을 지적했습니다. 그 세 가지 문제는 모두 방금 말한 가정의 문제와 깊이 연관된 것입니다.

　이 세 가지 물음에 대해서 사람들은 여러 가지로 대답을 시도해 왔지만, 도덕적으로는 아직도 충분히 대답할 수 있는 상태가 아닙니다. 그리고 이 세 사람은 모두 그런 문제를 제기함으로써 도덕을 엄청난 혼란에 빠뜨렸는데, 그 진영에 속하는 사람들이 그런 책임을 스스로 걸머지려고 하지 않는다는 것을 말해 두어야겠습니다. 그런 것이 커다란 문제로서 존재한다는 것을 생각해 나갑시다. 그러면 새로운 덕목이 필요하리라는 예감이 더한층 절실해질 것입니다.

　그렇다면 인간의 도덕에 관해서 극히 혁명적인 생각을 해볼 수 있을까요? 주지하는 바와 같이 구약시대舊約時代로부터 신약시대로 들어서는 시점에서 윤리상의 혁명적인 대변화가 종교의 문제로서 일어나기도 했다는 사실을 잊어서는 안 된다고 생각합니다.

　구약의 가르침도 물론 훌륭한 가르침입니다. 그것은 신의 구원이 신에 의해서 선택된 한 민족에게 내려진다는 생각이었습니다. 즉 이스라엘 민족이 신의 선택으로 구원을 얻는다는 가르침을 믿었던 것입니다.

　그런데 신약으로의 전개는 무엇이냐 하면, 그것은 신의 구원이 인류 전체에 미치리라는 것입니다. 그것을 두고 정의의 신으로부터 사랑의 신으로의 전환이라고 간단히 말하지만, 결국 신의 구원은 혈연이나 법연法緣에 의해서 얻을 수 있는 것이 아니라는 뜻입니다. 이제 신의 구원은 서연誓緣에 따르게 되었습니다. 출생이 어떻든 또 어느 나라의 백성이든 간에 모든 사람은 서약의 인연에 의해서 구원받을 가능성을 가진다는 것입니다.

이것은 물론 종교에 관한 일입니다. 그러나 동시에 도덕은 이에 힘입어서 인간은 인격으로서 평등하다는 생각을 확신하고 밀고 나갈 수 있게 됩니다.

사색의 힘과 문제의식에서 정녕 존경할 만한 철학자가 역사상에 여러 사람 있다고 나는 생각합니다. 니체도 그 중의 한 사람입니다. 그러나 꼭 한 사람만 들라고 하면 그것은 플라톤일 것입니다. 한데 애석하게 플라톤도 노예의 존재를 인정했던 것입니다.

그것은 이른바 노예제도라는 말에서 상상할 수 있는 것과 같은 그런 비인간적인 학대를 받는 노예는 아니었을지노 모릅니다. 그러나 시민권을 가진 사람과 그렇지 못한 사람이 태어날 때부터 결정되어 있다는 불평등한 제도였음이 분명합니다. 이것은 신약의 세계 이후로는 어떠한 윤리학자도 어떠한 철학자도 인정하지 않는 것입니다.

가정을 시민의 불평등과 불완전의 원인으로 생각하고 그
것을 의문시한 플라톤이 이런 점을 알아차리지 못하고 인류
의 입장에 설 수 없었던 것은 커다란 모순입니다. 그 반면에,
이것을 알아차리고 노예 해방을 이룩한 기독교의 보편주의
는 윤리 면에서 종교가 수행할 수 있는 크나큰 역할을 잘 보
여주는 것입니다. 신 앞에서 인간은 모두 평등하다는 것은
기독교를 믿건 믿지 않건 간에 윤리의 기초라고 생각해도 좋
을 것입니다.

　　이것은 종교로부터 제기된 문제가 도덕학, 윤리학의 세계
에서도 완전히 인정되었다는 것을 의미합니다. 신약 이후의
윤리학은 용기를 발휘하여, 모든 사람이 인격으로서 평등하
다는 인식을 기초로 삼아 세워진 것입니다. 따라서 법률상
야릇한 차별이 있을 때면 철학자들은 법률가나 위정자로부
터 아무리 귀찮은 존재로 취급될망정 그러한 차별에는 예부
터 한결같이 반대해온 것입니다. 윤리적으로 생각하는 한
인간은 인격으로서 평등하기 때문입니다. 다만 인격의 역사
적 전개라고 할 수 있는 사람됨에는 차이가 있습니다. 인류
의 역사를 볼 때, 커다란 의식 혁명은 윤리의 영역에도 분명
히 있었다고 생각하지 않으면 안 됩니다. 도덕이나 윤리학
이라는 말을 들으면 사람들은 아무래도 케케묵은 도학자의

이미지를 떠올리는 일이 많습니다. 그래서 무슨 도덕이나 규율을 강요하려는 것으로 생각하기가 쉽습니다. 하기야 옛 것에도 좋은 것이 있으니까, 단순히 무엇이든 새롭게 하자는 것은 말이 되지 않습니다. 다만 윤리에도 혁명적인 진보가 있었다는 것을 잊어서는 안 되며, 현대에는 어떻게 생각할 것이냐는 문제를 살피는 데서 그것을 하나의 지표로 삼읍시다.

용기

그렇다면 새로운 환경에서 새로 만들어야 할 덕목이 있는 것이 아닐까요? 그러나 덕목의 창출이라는 것은 정녕 가능할까요? 또한, 덕목의 의미가 변한다는 것이 정말로 가능할까요?

그런 의심을 품는 사람은 오늘날 덕목을 뜻하는 단어, 영어로 해서 virtue라는 단어가 원래 무슨 의미인지를 생각해 보기를 바랍니다. 그것은 virtus라는 라틴어에서 비롯된 것인데, 그것이 사투리가 되어 여러 나라의 단어가 생긴 것입니다. 원래의 뜻으로 보면 vir는 라틴어에서 사나이를 의미하고 virtus는 사나이다움을 뜻합니다. 그것이 덕이라는 의미를 겸했습니다.

그렇다면 옛 서양에서 왜 사나이다움이 덕으로서 중시되었는지 생각해 보아야 하겠습니다. 우선 원시시대의 야만 상태를 상기해 보십시오. 언제 어디에서 적이 쳐들어올지도 모르지만, 쳐들어오는 자가 다른 고장의 남자들인 것만은 틀림없습니다. 창이나 칼이나 활을 가지고 쳐들어옵니다. 그때 공동체를 지키는 것도 남자들입니다. 그들은 자신의 목숨을 바치며 싸움으로써 처자와 노인을, 마을의 재산과 부족을 지켜야 합니다. 사나이다움이란 바로 그 마음가짐과 행동을 두고 하는 말입니다. 피를 흘리며 죽으면서도 겨레를 지킨 남자를 두고 사나이다움의 본보기라고 말한 것은 당연한 일입니다. 이리하여 사나이다움으로서의 virtus가 덕 있는 행위로서 숭상된 것입니다.

왜냐하면, 죽음조차 마다치 않는 그 용기에 의해서 마을이 지켜지고 승리가 전취되기 때문입니다. 한데 勇이라는 한자를 보아도 男(사내남)자 위에 マ를 붙여서 사나이다움을 강조하고 있습니다. 중국에서도 옛날에는 그러한 상황이었기 때문입니다. 물리적物理的인 육체의 힘을 다하여 싸우지 않으면 마을을 지킬 수 없다는 상태가 옛 중국에도 있었으니까, 勇 즉 사나이다움이 숭상되었던 것은 당연합니다.

그렇다면 일단 인류의 사회와 문화가 진보하여 일상적인 생활에서 살상이 없어지는 새로운 상태가 도래하면 옛적의 덕은 쇠퇴하는 것일까요? 그렇지가 않습니다. 사나이다움이라는 낱말은 그대로 남는데, 그것이 이미 남자의 전투력만을 가리키지는 않으며 남녀 간에 내적內的인 힘을 가진 사람이 용기 있는 사람으로 받아들여지는 것입니다.

　가령 전투에서 남편을 잃은 여자가 있다고 합시다. 그 여성이 아비 없는 어린아이를 지키기 위하여 갖은 고초를 겪으면서 훌륭하게 살아나갈 때 그녀는 정말로 어머니답고 여자다우면서도, 그 많은 어려움을 이겨 나가는 용기는 대단하다고 사람들은 그녀를 칭찬합니다. 이렇듯 勇이라는 글자는 이미 단순한 무력에 의한 사나이다움과는 달리, 남녀를 불문하고 모든 인간이 갖는 내적인 정신의 힘을 가리키는 말로 의미가 전환된 것입니다.

　오늘날 "용기를 내라"고 말할 때는 그것은 상대방이 남자이긴 여자이긴 간에 자신의 신앙을 지키라는 뜻일 수도 있을 것입니다. 권력에 져서 신앙이나 신념을 버리는 사람은 남녀 간에 용기없는 사람으로 지목됩니다. 아무리 육체적으로 강한 남자라도, 만일 권세나 돈 때문에 신념을 버린다면 그는 용기없는 사람이라고 말하지 않을 수 없습니다.

용기라는 말은 이렇듯 내면화되어서 남녀는 불문하고 적용되기 때문에 오늘날 virtue를 사나이다움이라고 번역하는 사람은 없습니다. 모두 덕이라고 번역합니다. 그래서 한자어漢字語도 勇氣라고 하고 특질도 남자만이 아니라 여자도 가져야 할 것이 됩니다. 이 점에서는 새로운 말이 생긴 것은 아니지만, 지금까지 사용된 말의 의미가 달라지고 심화하여서, 말하자면 의미론적 변용이 이루어진 것입니다. 그것은 인간의 윤리 도덕면에서의 진보라 해야 할 것입니다.

그 누가 과학의 세계에만 진보가 있다고 말할 수 있을까요? 과학에만 진보가 있다는 말을 들으면, 나는 철학자이기 때문에 게으름뱅이로 취급되고 있다는 야릇한 느낌이 듭니다. 분명히 좋은 것은 옛것이라도 언제나 좋습니다. 그런 의미에서 윤리는 옛것을 항상 시대에 뒤떨어지는 것으로 만들어 버리는 과학의 경우와는 다릅니다.

과학은 일진월보日進月步합니다. 한편 예술이나 철학은 반드시 일진월보하는 것은 아닙니다. 그러나 그 분야에서도 새롭고 좋은 것이 생겨나야 합니다. 철학도 윤리학도 학문인 이상 인간의 노력에 의한 진보는 있을 터입니다. 다만 지금까지 말한 것은 새로운 말이나 술어가 만들어진 것이 아니라 새로운 내용이 옛말에 담긴 예이며, 그러한 형식으로 도덕의 진보가 이루어졌다는 점을 지적한 것입니다.

충忠

아주 비슷한 예로 동양의 忠에 대해서 살펴봅시다. 여기에는 진보와 퇴보의 기복이 있습니다.

예를 들어 忠이라는 글자 그 자체만을 두고 생각해 봅시다. 옛날 봉건제후의 시대, 예컨대 에도江戶 시대[3]의 일을 생각해 봅시다. 그때 충이란 무엇이었을까요? 그것은 추신구라忠臣藏[4]에서 보는 바와 같이 자기가 섬기는 영주에 대해서 충의를 바치는 것이며, 만일 자기의 영주를 모욕하는 다른 영지領地의 사람이 있으면 같은 일본인이라도 이 충이라는 명목하에 죽여도 좋았습니다.

우리는 추신구라에 나오는 아사노 다쿠미노가미[淺野內匠頭]의 분노를 넉넉히 짐작할 수 있습니다. 특히 최근에 뇌물로 정치를 움직이게 한 리크루트 사건[5] 따위를 보면,

---

3. 도쿠가와 바쿠후(德川幕府)의 시대 (1603-1867). 그 시조인 도쿠가와 이에야스(家康)가 지금의 도쿄인 에도를 본거지로 삼아 정권을 수립했기 때문에 에도 바쿠후라고도 한다.
4. 오이시 구라노스케(大石內藏助)를 두목으로 한 47명의 아코(赤穗)의사들이 그들의 영주 아사노(淺野)를 모함한 기라(吉良)에게 복수하고 나서 자결했다는 이야기. 1702년에 일어난 이 사건은 충신의 모범이라하여 여러 가지 이야기로 변안되어서 인기를 얻었는데, 그런 이야기들을 총칭하여 추신구라라고 부른다.
5. 동명(同名)의 회사로부터 정치성 뇌물을 받은 것이 세상에 알려져서 당시의 다케시타(竹下) 수상이 사직하게 된 사건 (1989년).

민주 정치의 기본인 선거에서도 비밀 자금을 모아 표를 매수하는 쪽이 이긴다는 것인데, 그런 이야기를 들어보아도 아사노의 분노는 넉넉히 이해가 갑니다. 이와 아울러 오이시 구라노스케를 위시한 47명이 지사志士들의 마음도 이해할 만합니다.

그러나 오이시는 현재의 상식에서 보면 결국 자기 보스의 복수를 위해서 도당을 짜고 살인을 공모한 자라고 말하지 않을 수 없습니다. 어느 정도는 높아진 근대 이후의 도덕의 단계에서 볼 때는, 충이라는 덕목이 하나의 한정된 영지의 우두머리를 위해서 몸을 바치는 태도와 결부된 것이 과연 좋은 것인지 고쳐 생각해 보지 않으면 안 됩니다.

이 충이라는 것이 메이지유신明治維新[6] 이후에는 어떻게 되었을까요? 그 무렵의 선진국들과 마찬가지로 충은 나라에 대한, 국가 전체에 대한, 혹은 국왕인 천황에 대한 충으로 변화해 갔습니다. 그것은 같은 일본인이라도 영지(한 藩)가 다른 사람은 서로 죽여도 좋다는 식의 도덕관념을 의미했던 충보다는 한결 나은 것임이 틀림없습니다.

그러나 오늘날 국가나 민족 간의 문제가 생겼을 때, 만일

---

6. 1868년 메이지 천황이 즉위하자 바쿠후의 봉건제도를 타파하고 근대적 국가의 체제를 갖추기 위한 개혁을 단행한 것.

충이라는 명목하에 일본인 이외의 사람은 누구라도 죽여도 좋다는 주장이 나온다면 모두 그것을 잘못이라고 생각할 것입니다. 현재에는 대체로 어느 나라에도 공존共存의 사상이 깃들어 있습니다. 그래서 충, 즉 충의忠義나 충절과 같은 덕은 시민으로서 충량하다든가, 혹은 회사나 학교와 같이 자기가 소속하는 단체를 위해서 충실히 근무하는 것을 뜻하며, 또한 상사나 벗에 대해서 충실하다는 것을 의미하는 것으로 되어 있습니다.

이런 점에서 볼 때 우리나라의 역사에서 삼, 사백 년에 걸쳤던 충이라는 덕목에 대한 생각이 겨우 최근의 오십 년, 백 년 동안에 얼마나 달라져 왔는지를 알 수 있습니다.

그러나 이처럼 덕목에 관한 개혁이 인정된다고 해서 새로운 시대일수록 더 훌륭하다는 말을 반드시 할 수 있는 것은 아닙니다. 인간은 바로 그런 사실을 스스로 깨닫고 어느 시대이건 자신을 다스려 나가야 합니다. 그 점을 구체적으로 생각해 봅시다.

이 충이라는 개념이 최초로 생겼을 때 사람들은 무엇을 생각했을까요? 충은 공자의 『논어論語』에 나오는 덕목입니다. 『논어』를 보면 공자孔子의 수제자 중의 한 사람인 증자曾子가 이렇게 말하고 있습니다. "나는 매일 나 자신을 세 가지로 반성한다. 남을 위하여 하는 일에 충하지 못하지는 않았는지……"[7]

여기에서 남이란 상사나 소속 단체를 가리켜서 자기보다 상위에 있는 어떤 존재에 대해서 충실해야 한다는 뜻이 아닙니다. 사람이라면 누구라도 마음속으로부터 충실히 대해야 하는데 모든 사람에게 충실했는지 반성해 보자는 그러한 매우 인간적인 생각이 여기에 표명된 것입니다.

그러니까 공자의 시대에는 윗사람이건 동급자이건 아랫사람이건 또 이민족이건 간에 모든 사람에게 진심으로 대하는 태도를 두고 충이라고 했던 것입니다. 이렇듯 대인적인 성실성, 대인적인 신세리티sincerity가 충의 본래의 의미입니다.

그 의미는 세월과 더불어 여러 가지로 개악도 되고 개선도 되면서 오늘날에 이르고 있습니다. 누구한테 비롯되었는지 모르는 충이라는 생각이 먼 옛날부터 있었는데 그 개념을 처음으로 명확한 덕목으로 내세운 공자의 시대에 이르러 도덕적인 비약과 진보가 이룩된 것입니다. 한데 그것이 봉건 영주들과 어용학자에 의해서 악용된 시대가 있었습니다. 그리고 그 개념은 더욱더 줄어들어서 동포조차 서로 살상하는

---

7. "吾日三省吾身 爲人謀不忠乎…"(「學而」편).

작은 조직에 대한 충의로 변질하였고, 오늘날에는 또 그런 단계를 넘어서서 시민사회에 대한 충실성을 의미하게 되었습니다.

일본어에서 사용되는 '충'이라는 말 하나만을 생각해 보아도 도덕이나 덕목은 결코 변함없는 것이 아니라, 개악과 개선의 역사를 지녀온 것을 알 수 있습니다. 그러나 이제는 충의 본뜻을 되찾아야 합니다. 이제 우리는 근본으로 돌아가서 윗사람, 동급자, 아랫사람, 외부의 사람 여하를 불문하고 모든 사람에게 진심을 다하고 있느냐는 성실성의 내적기준內的基準과의 관련하에서 충에 관한 문제를 생각해야 할 시점에 와 있다고 믿습니다.

일본어 또는 한자의 忠에 대해서 지금까지 말한 내용은 가령 영어의 로열티loyalty에 관해서도 대개 그대로 들어맞는 것입니다.

그러나 아마도 우리는 충이 미치는 영역을 그 이상으로 넓혀서 문화재니 환경에도 충실하고 성실한 마음으로 대해야 하는지도 모릅니다. 그렇다면 과연 인간이 아닌 것에 대해서도 '충'이라는 말을 써도 좋을지 생각해 보아야 할 것입니다.

요새 프레온 가스에 관한 시비가 잦습니다. 우리 자신만의 편리를 위해서 지구의 자연조건을 파괴해 나가도 좋을까요? 그러면 우리 뒤에 올 세대와 다른 생물들은 어떻게 되겠습니까?

이렇게 생각하면 우리가 '충'의 개념을 통해서 많은 존재에 대하여 책임을 걸머져야 한다는 것을 잘 알 수 있습니다. 책임에 관해서는 후에 다시 한 번 생각해 보겠는데, 우리의 성찰 대상이 되는 것은 도덕의 창조성에 관한 문제라는 것을 잊지 않도록 합시다.

겸손

옛날에 자못 새로운 도덕상의 단어가 생긴 일이 있습니다. 새로운 말이 생겼다는 것은 새로운 개념이 발견되거나 발생되었다는 뜻입니다. 사람은 누구나 겸손해야 한다는 말은 여러분 모두가 들었을 것입니다. 또 겸손함은 중요하다고 스스로 생각하기도 하겠죠. 사실 오만하면 학문은 불가능합니다. 인간은 오만을 버리기가 어렵긴 합니다. 그러나 자기가 진리에서 멀다는 것을 자각하고 훌륭한 책에 대해서 고개를 숙이고 여러 사람의 이야기 속에서 스스로 배울 만한 것을 찾아내는 그런 노력이 없다면 학문은 할 수 없습니다.

그런 의미에서 모든 일에 필요한 덕목의 하나는 겸손이라고 생각됩니다. 상호 간의 생활에서 겸손한 척하는 것을 보면 매우 역겨운 일이지만, 기본적으로는 겸손해야 합니다.

한데 도덕은 예로부터 있었으니까 겸손이라는 기본적인 말도 어느 윤리학책에나 있는 것으로 생각할지도 모릅니다. 그런데 그렇지가 않습니다. 아리스토텔레스의 그 유명한 『니코마코스 윤리학』을 보면 웅대한 마음가짐이나 긍지矜持를 의미하는 메갈로프슈키아megalopsychia 따위는 중요한 덕으로 다루어져 있지만, 겸손에 해당하는 희랍어는 없습니다. 고전 희랍어의 문헌을 전부 찾아보아도 겸손에 상응하는 말은 발견할 수 없습니다.

그렇다면 그 말은 언제 생겨난 것일까요? 『신약성서』의 「에베소서」와 성서 외전外典인 『12사도의 가르침』, 이른바 디다케[8] 등에 나오는 타페이노프로슈네tapeinophrosyne라는 말이 그 최초의 것입니다. 타페이노스tapeinos는 '낮다'는 뜻의 형용사이며, 프로슈네phrosyne는 마음가짐을 의미한다고 해서 좋겠습니다. 타페이노스는 희랍어로는 프토코스ptōkos, 즉 거지에 독특한 성격을 말합니다. 따라서 타페이노프로슈네는 거지 마음가짐이라는 뜻이 됩니다.

---

8. Didake, Didache- 12사도의 가르침이 실려 있는 2세기 초의 기독교의 교과서.

남이 먹다 남긴 것을 구해 다니는 거지만큼 고대 그리스에서 경멸을 받은 사람은 달리 없습니다. 호메로스의 『오디세이아』나 또는 아동을 위한 『호메로스 이야기』따위를 상기해 보십시오. 오디세우스가 가장 남의 눈에 안 띄게 자기의 집에 돌아가려고 했을 때 그가 거지의 꼴을 하고 갔다는 것을 여러분은 기억할 것입니다. 거지라면 아무도 주목하지 않으니까 몰래 갈 수가 있었던 것입니다. 고대 그리스에서는 거지는 개보다도 못한 매우 하찮은 존재, 있어도 없어도 좋은 존재였습니다. 일거리가 없으니까 노예도 못될 만큼 업신여김을 당했던 것입니다.

이와 반대로 그리스에서 덕으로 삼은 것은 앞서 언급한 것처럼 메갈로프슈키아입니다. 넓은 마음, 너그러운 마음, 당당히 가슴을 펴고 걸어 다닐 수 있는 그런 활달한 마음이 그리스 시민으로서 가져야 할 심성으로 여겨졌습니다. 그것과 정반대가 되는 타페이노프로슈네는 자신을 자못 낮추는 마음입니다. 방금 시사한 것처럼 그것은 바우로의 한 편지에 나오는 말인데, 아마도 그리스도의 마음을 그런 말로 결정結晶시켰을 것입니다. 그것은 거지가 갖는 바와 같은 낮은 마음가짐입니다.

그러한 그리스도의 가르침은 『성서』에 있는 '마음이 가난한 자는 행복하다' 는 말, 즉 「산상의 수훈」에 나오는 말에 나타나 있습니다. '마음이 가난하다' 는 표현은 희랍어 원전에서는 '영혼에 있어 거지(프토코스)이다' 라는 말로 이미지화化되어 있는데, 이것은 그리스도가 사용한 아람말[9]의 표현을 희랍어로 직역直譯한 것일지도 모릅니다.

구걸하는 거지는 누가 십 원을 줄 때는 내밀었던 손을 움츠리고 백 원을 줄 때야 받아 갖는 태도를 보이는 것은 아닙니다. 십 원이건 일 원이건 무엇이라도 받지 않는다면, 진실로 궁지에 몰린 거지가 아닙니다. 마찬가지로 신神이 주는 것이 시련이라면 받지 않고 행운이라야 손을 내민다고 한다면, 진실로 신의 아들이 아닙니다. 거지처럼 손을 내밀고 신이 주는 것은 모두가 시혜라고 여기면서 받는 마음, 그것이 "마음이 가난한 자는 행복하다"는 말의 진정한 의미입니다.

그래서 무엇이든 남이 주는 것을 받는 마음가짐이 겸허라는 말의 뿌리인 타페이노프로슈네입니다. 한데 이 말이 생긴 이후, 중세의 기독교敎 윤리학에서 겸허를 제외하고 있는 덕목은 없습니다. 그것은 훌륭한 덕목이 되어 있습니다.

그러나 이 겸허, 겸손이라는 덕목은 서양에서는 기독교도

---

9. Aramaic– 셈족의 계통semitic에 속하는 언어로서 예수와 그 제자들의 모국어로 알려졌다.

에 의해서 처음으로 만들어진 것임을 유념해야 하겠습니다. 하기야 덕목으로서의 그 개념이 성립하기 전에도 그것에 상응하는 마음가짐이나 행위가 있었던 것은 당연합니다. 그러나 윤리의 덕목으로서 그것을 들어 올린 것은 기독교의 성립 이전에는 전혀 없었던 일임을 알아두어야 합니다. 노예 제도가 없어진 것도 이와 무관하지 않을 것입니다.

책임

근대에 들어서면 인간은 약삭빨라져서 자신의 손해가 되지 않도록 또 법률상 탓 잡히지 않도록 제도나 습관에 따라 처신해 나가게 됩니다. 그래서 윤리가 낡아졌다고 해도 구태여 새로운 덕에 기대하지 않고, 또 설사 그것을 구한다 해도 새로운 덕목이 자리 잡을 수도 없습니다. 무엇보다도 인간은 그렇게 철학적이 아니며 차라리 기술적인 존재로 되어 있으니까, 덕목을 만드느니 차라리 기술의 향상을 도모하면 된다고 생각하는 사람이 많을 것입니다.

그러나 과학 기술이 탄생한 근대에도 덕목의 창조는 있는 것입니다. 그 점을 생각해 봅시다. 가령 책임이라는 개념은 서양에서도 일본에서도 도덕적 생활에서 없어서는 안 될 개념이 되어 있습니다. 그러면서도 서양에서는 그 개념이 언제부터 있었는지 일반적으로는 알려지지 않았습니다. 그래서 서양이 문헌을 찾아 책임이라는 말이 언제부터 사용되었는지 알아볼 필요가 있습니다.

그런데 종교에서 비롯된 것이 아니라, 순수하게 윤리적 차원에서 덕목이 창조적으로 전개된 사실이 존재하는데, 그런 점에서 앞서 언급한 '책임'이라는 개념에 대해서 생각해 봅시다.

현대철학의 하나로 실존주의existentialism가 것이 있습니다. 그것은 인간의 자기 실존, 즉 살아 있는 자기 자신의 존재를 소중히 여긴다는 생각입니다. 다시 말해서 종래와 같이 인간의 본질을 중시한다기보다도 개인으로서의 자신이 살아 있다는 실존의 증거를 더욱 중시한다는 생각입니다.

이러한 생각을 한 사람으로 하이네만[10]이라는 학자가 있습니다. 이 사람이 여러분도 알고 있을 데카르트의 라틴어 표현인 '코기토 에르고 숨Cogito, ergo sum (나는 생각한다, 따라서 나는 존재한다)'을 모빙하여 '레스폰데오 에르고 숨Respondeo, ergo sum' 이라고 쓴 일이 있습니다.

그것을 문자 그대로 번역하면 '나는 (그 누구에게) 응답하

---

10. Fritz Heinemannm

고 있다, 따라서 나는 존재한다' 는 말이 되는데, 그 의미는 '나는 그 누구에게 응할 책임이 있다. 그것이 자기 존재의 증거이다' 는 것입니다.

다시 말해서 리스펀시빌리티_{responsibility}를 가지고 있으니까 자기가 존재한다는 것으로, 자기 존재의 의의_{意義}와 증거를 '생각한다' 에서가 아니라 '책임의 자각' 에서 구한다는 사상입니다. 현대 사회에서는 그 정도로 책임이라는 개념이, 리스펀시빌리티라는 덕목이 소중한 것으로 되어 있습니다.

그러나 이 리스펀시빌리티라는 단어는 내가 다른 책에서도 말한 바 있지만, 근대에 와서 비로소 만들어진 덕목이라는 것을 상기해야 합니다. 그렇다면 이 덕목이 어떤 배경에서 태어났는지 잠시 생각해 보기로 합시다.

그것은 여러분이 영어를 배웠을 때 꼭 한 번은 보고 넘어간 말이니까 20세기에는 이미 있었던 말입니다. 그것은 19세기에도 있었습니다. 그러면 18세기에는 있었을까요? 나는 그 말이 18세기 말, 즉 1778년에 최초로 문헌에 나온다는 것을 발견했습니다. 오늘날에는 누구나 책임이라는 이 소중한 말을 상식처럼 사용해서, 가령 "책임을 회피해서는 안 된다" 거나 혹은 "책임의식이 부족하므로 이런 사고가 난다"는 따위의 말을 흔히 합니다. 이렇게 일상적으로 사용되는 도덕적 낱말로서의 리스펀시빌리티, 프랑스어의 레스퐁사빌리테responsability, 그리고 독일어의 페란트보르퉁Verantwortung은 모두 18세기 후반 이전에는 없었던 단어입니다.

1956년에 발표된 나의 이러한 학설에 대해서는 지금껏 반론이 없습니다. 따라서 1778년 이전에는 리스펀시빌리티라는 말은 없다고 보아야 합니다. 그러나 그 단어가 없었다는 것은 서양에서는 책임 있는 행위가 옛날에는 없었다는 뜻이 되는 것은 아닙니다.

책임이라는 단어는 몰라도, 도시국가와의 약속으로서의 법을 지키는 것이 자기의 삶의 길이므로 그 법의 판정으로 사형되어도 할 수 없다고 하면서, 형리를 매수하여 탈옥하라는 권유를 물리치고 처형된 소크라테스의 경우를 생각해 보십시오. 또 주 예수에 대한 충신忠信을 죽음으로써 입증하기 위해서 순교한 세바스티아누스[11]와 같은 기독교도의 경우를 생각해 보십시오. 그들은 모두 리스펀시빌리티를 가지고 있었습니다. 디만 그런 덕목으로시의 개념이 아직 잆있을 뿐입니다.

그렇다면 그것이 무슨 이유로 개념화되었을까요? 과학기

---

11. Sebastianus– 3세기경의 순교자.

술이 와트James Watt의 시대에 실용화되기 시작하고, 바로 18세기 후반에 이르면 물자의 대규모 수송이 가능해졌습니다. 그 결과 물물 교환의 시대가 사라지고 물자의 거래에서조차 상호 간의 약정에 의한 계약 사회가 성립했습니다. 이 경우 눈앞에 물건이 없는데도 계약이 성립되기 위해서는, 아무래도 어떤 기본적인 마음가짐이 반드시 필요하며, 서로 상대방과 주고받는 말에 따라 약속대로 행동하는 것, 즉 서로 응하는 행위가 중요하다는 생각이 자리를 잡았습니다. 이리하여 리스펀스response라는 음악 용어에서 이 말이 생긴 것입니다.

그것은 중세기의 레스폰소리움responsorium이라고 불리는 성가대가 두 줄로 마주 서서 번갈아 노래한다는 응답성應答性에 착안하여 생긴 말입니다. 그러나 그것이 처음으로 만들어진 것은 방금 말한 것처럼 18세기입니다. 독일어의 페란트보르퉁으로 말하자면 겨우 19세기에 들어와서 창조되었습니다.

그러므로 윤리학의 대표적인 책으로 알려진 칸트Immanuel Kant의 『실청이성비판Kritik der praktischen Vernunft』을 샅샅이 찾아보아도 이 말은 발견할 수 없습니다. 그리고 윤리학의 주요 개념을 담고 있어야 할 철학 사전을 보아도 역시 그렇습니다. 19세기에 나온 독일의 아이슬러[12]편의 유명한 사전과 프랑스의 랄랑드[13]라는 학자가 꾸민 사전이 각각 그 나라의 문화를 대표하는 것으로 출판되어 있지만, 그 초판본에는 리스펀시빌리티에 해당하는 프랑스어인 레스퐁사빌리테도 또 독일어인 페란트보르틀리히카이트Verantwortlichkeit도 실려 있지 않습니다. 그런 말들은 20세기에 들어서서 개정되었을 때에 비로소 실리고, 개정판이 나올 때마다 조금씩 더 자세해졌습니다. 그래서 오늘날에는 어느 철학 사전을 보아도 한 페이지 이상 상세하게 설명되어 있습니다.

이렇듯 책임이라는 유럽의 근대 사회에서 자못 중요한 도덕적 개념은(그것은 유럽뿐 아니라 우리들의 세계에서도 중요한 것이지만), 적어도 서양 세계에서는 18세기에 처음으로 생긴 것이며 20세기에 이르러 진실로 의식화된 것입니다. 한데 이런 경위를 보면, 인간은 역사를 체험해 나가면서 획기적으로 새로운 덕목을 창조할 수 있다는 것을 알게 됩니다.

우리는 오늘닐 기술 혁신의 시내를 살면서 어떤 새로운

---

12. Rudolf Eisler (1873-1926)- 독일의 철학자. 그는 여러 종류의 철학사전을 편찬했으나, 여기에서 언급된 것은 아마도 그가 최초로 낸 『철학개념 및 표현사전 Wörterbuch der philosophischen Begriffe und Ausdrücke』(1899)일 것.
13. André Lalande (1867-1963)- 프랑스의 철학자. 그가 편찬한 『철학용어사전 Vocabulaire technique et critique de la philosophie』(1927)은 지금도 널리 이용되고 있다.

덕목을 서로 창조해 나가야 할 것입니다. 그렇다면 과연 누가 창조하는 것일까요? 어떤 철학자, 윤리학자 또는 사회학자에게 맡기기만 하면 될까요? 우리처럼 윤리를 연구하는 학자에게 그런 책임이 있는 것은 분명합니다. 그러나 중요한 것은 개인이 아니라 인류의 창조력입니다.

이상한 일이지만, 이 리스펀시빌리티라는 덕목을 누가 처음으로 이름을 지었는지는 아직도 모릅니다. 나는 앞서 언급한 1956년 발표 당시에 누가 이 말을 만들었는지 조사해 달라고 여러 외국학자에게 부탁한 일이 있습니다. 매키온[14]에 의하면 그 말은 존 스튜어트 밀John Stuart Mill의 책에 나오지만, 밀이 만든 것은 아니라는 것, 그렇지만 그 이전에는 없었다는 것밖에는 모르겠다고 합니다. 그렇다면 만일 그 이전의 책에 있었다면 어떤 책에 나오는지, 과연 누가 만들었는지 알아달라고 부탁한 지가 벌써 30년이 되지만 아직도 대답이 없습니다.

하기야 누가 그 말을 처음으로 만들었는지 알 날이 올지도 모릅니다. 그러나 이 정도로 그것을 만든 개인이 드러나지 않고 세월이 흐른 것을 보면, 그 말은 차라리 공동 의식으

---

14. Richard Mckeon— 미국의 철학자 (1900~1985).

로서 어느 틈에 만들어졌다는 것을 의미할 것입니다.

이러한 도덕적 개념의 창조는 서양만이 아니라 일본에도 많이 있습니다. 일본의 역사를 보아도 시대마다 새로운 도덕적 개념이 만들어졌습니다. 효행孝行이나 무사도武士道에서의 '충'의 의미 변화도 그 예가 됩니다. 은자隱者의 '와비ゎび'나 일반인이 말하는 '이키いき. 粹'[15]와 같은 것도, 그것이 삶의 방식과 관련되는 한에서는 도덕적 개념으로서 발견된 덕목이라고도 할 수 있을 것입니다. 그 이외로도 이미 사어死語가 되었다고 말하는 사람도 있지만, 사물에 대한 덕으로서의 '못타이나사もったいなさ'[16]와 같은 말도 어떤 특정한 시기에 생긴 것으로서, 『고지키古事記』와 같은 옛 문헌에는 없는 말입니다.

따라서 물건을 소중히 하고 고맙게 여긴다는 마음가짐은 민중 운동의 결실이라고 생각하지 않을 수 없습니다. 한데, 이 책의 독자는 이런 책을 읽어 주는 이상, 지식인 즉 엘리트입니다. 비로 그린 이유에서 이러한 엘리트가 각사 사기 일에 긍지와 책임을 가지고 대하는 것은 사회가 당연히 요구하는 것입니다. 그러나 엘리트가 모든 점에서 민중을 지도할

---

15. ゎび– 한적함, 간소하고 그윽한 취미. いき– 특히 성적인 뜻에서 세련되고 우아한 멋.
16. 과분하다, 아깝다는 느낌을 나타내는 말.

수 있다고 생각해서는 안 됩니다. 특히 덕목의 의미 변화나 창조에는 각각 해당 분야의 엘리트를 포함한 민중 운동이 소중한 것이며, 극소수의 엘리트가 그것을 이루어 나가는 것이 아닙니다. 우리 사회가 지식 사회라고 할 때 그 말은 사회의 대중도 모두 각자의 분야에서 엘리트라는 것을 의미합니다. 그런 점에서 보면 엘리트의 수가 늘어가니까, 생각하기에 따라서는 지적知的인 윤리학이 정착할 터입니다.

3. 새로운 덕목의 창조

필록세니아 (이방인에 대한 사랑, 異邦人愛)

오늘날 일본만이 아니라 여러 외국에서도 차츰 자리잡혀 가고 있는 덕목의 하나는 '외국인에 대한 친절'입니다. 지금도 일본의 교통기관 전체가 역 이름을 제외하고는 모두 일본어만으로 표기되어 있다는 불친절이 있긴 하지만, 그래도 조금씩 로마자도 함께 적으려는 경향이 늘어가고 있습니다.

공공 기관은 그 기관을 지배하고 있는 사람과 또 그와 같은 조건의 사람들만을 염두에 두는 일이 흔합니다. 그래서 가령 일본 철도의 많은 역을 보면 계단만 있어서 휠체어를 탄 사람은 다닐 수가 없고, 또 눈이 부자유한 사람이나 외국인은 표를 살 수도 없는 상태입니다. 역만의 일이 아닙니다. 이러한 불친절은 때로는 고속도로의 표지나 일반 관청이나 회사에서도 있는 일이기 때문에 외국인에 대해서 사회 전체가 친절한 손길을 넓혀 나가지 않으면 안 됩니다.

　이런 일을 어떤 말로 표현하면 좋을지 모르겠습니다. 이웃 사랑이라고 해도 좋겠지만, 특히 외국인에 대해서 말하면 나는 그것을 필록세니아philoxenia라고 부르고 있습니다. 이방인에 대한 친절이라는 의미입니다. 일본과 같은 폐쇄적인 사회에서도 외국인에 대한 친절이 조금은 생겨난 것 같긴 합니다. 그러나 혼혈아는 일본인이라도 머리색이 다르다는 이유 한 가지로 유치원에서 구박을 받는 수도 있습니다. 그러므로 필록세니아를 정착시켜 나갈 필요가 있습니다.

　이런 점을 생각해 보면 분명히 덕목이 창조되어 가고 있다고 말해서 좋을 것입니다. 불과 백여 년 전에 영국인에게 칼질했던 나마무기 사건[17] 따위를 회상하면, 같은 일본인인 우리들이 한결 개명된 사람다운 생각을 하게 되었다고 말하지 않을 수 없겠습니다. 분명히 메이지 유신의 전후에는 외

---

17. 生麥事件— 1862년 요코하마 부근의 나마무기 마을에서 일어난 사건. 비쿠후의 고관이 지나갈 때 말을 탄 영국인들이 길을 비켜주지 않는다 하여 그들을 살상했다.

국인이 이상이형異相異形이라서 죽여도 좋은 대상이라고 생각했지만, 우리 시대에는 그런 생각은 없어졌습니다. 이렇듯 일본을 포함하여 전 세계에서 필록세니아라는 덕목이 성립되어 가고 있는 것이 오늘날의 상황이라고 해도 좋을 것입니다.

정각성定刻性

한데 오늘날의 기술연관 속에서 당장 널리 퍼지게 된 새로운 덕목의 하나는 꼼꼼함입니다. 좀 다르게 말하자면 정각성이라는 것입니다. 이것을 지키지 않으면 사회에 여러 가지 불행하고 불리하고 불편한 일들이 생깁니다. 기계를 상대로 하는 이상에는 그 자리로 정해진 시간에 가야만 할 것입니다. 전동차가 정각 운전을 하지 않으면 앞차나 뒤차와의 사이에서 사고가 일어나기 쉬울 것입니다.

옛날에는 연회가 있으면 가령 '여섯 시 정각'이라고 쓰곤 했습니다. 그러니까 늦어서는 절대로 안 된다는 이야기입니다. 지금은 그렇게 쓰는 일은 없을 것입니다. '여섯 시'라고만 해도 대개 여섯 시에 시작합니다. 지금 돌이켜 생각하면, 옛날에는 너무 정확하게 시간을 지키는 것은 '소인小人'의 짓이라고 여겨졌습니다. '큰 인물'은 오 분이나 십분 정도에는 구애를 받지 않고, 높은 사람일수록 한 시간 가량 늦게 오곤 했습니다. 만일 지금 그렇게 한다면 회의를 열 수가 없습니다. 먼 곳에서 온 사람들을 생각하고, 또 서로 시간을 아낀다는 생각에서 요새는 어떠한 회의나 집회도 비교적 정시에 열리게 되었습니다. 이것은 정각성이 윤리적 덕목으로 편입된 것을 의미합니다.

이 정각성은 정점성定點性, ponctualité이 되는 것이기도 합니다. 단추 하나를 잘못 누르면 치명적인 사고가 생길 수도 있는 기술연관 속에서는, 이것은 한 중요한 직업윤리의 덕목이 됩니다. 한데 이런 일이 인간성을 오그라들게 할 우려가 있기 때문에 그것을 풀 수 있는 덕목으로서 어떤 것을 생각해 볼 필요가 있을 것입니다. 나는 에우트라펠리아eutrapelia (기분전환)를 하나의 덕목으로 부활시키고 싶습니다. 그 이야기는 후에 하겠습니다.

국제성

또 한 가지 덕목으로 진실한 의미에서의 국제성이 도덕의 세계에 편입되었다고 생각합니다. 그런 것도 도덕의 덕목이냐고 의심을 품을지도 모르지만, 국제성에 대한 고려는 윤리적으로 중요한 것입니다.

어떤 여자 어린이에 관한 측은한 이야기가 한 가지 있습니다. 불과 십 년 전 도쿄에서 일어난 일입니다.

그 어린이는 속되게 말해서 '튀기'였는데 그 부모는 되도록 일본의 습관에 익숙하게 하려고 아이를 가까운 불교 재단의 유치원에 넣었습니다. 그 무렵에는 베란다에 곧잘 비둘기들이 날아와서 똥을 쌌기 때문에 유치원에 막 들어간 아이가 그것들을 쫓으려고 열심히 손뼉을 치고 있었습니다. 나는 그때 우연이 그 자리에 있었던 것입니다.

당시 세 살이었던 그 아이는 말의 뜻도 모르면서 큰소리로 "외국인 저리 가라"고 외쳐댔습니다. 그러면 비둘기가 날아가 버렸습니다. "아빠, 재미있어. 유치원에서 애들이 하는 말을 하니까 비둘기가 도망가"라는 아이의 말에 아버지는 "그러니, 그러니?" 하며 웃기만 했지만, 딱하다고나 할까 가엾다고나 할까 하는 생각이 들었습니다. 그래서 "어떻게 그런 말을 외웠니" 하고 묻자 이런 대답이 나왔습니다. "내가 모래밭에서 놀고 있으면 사내아이가 와서 외국인 저리 가라고 해. 그러면 나는 금방 도망가야 한단 말이야" 그 아이는 외국인이라는 말의 뜻을 몰랐던 것입니다. 그래서 별로 차별받는다는 생각은 하지 않았던 모양입니다. 그러나 그것 때문에 우는 아이들도 많았습니다.

그 후 십오 년이 지난 지금은 어떻습니까? 유치원에서 그런 일은 별로 없을 같습니다. 국제적 이해, 즉 머리색이나 피부색은 달라도 같은 인간으로서 친구가 될 수 있다는 사고방식은 어린이의 세계에도 정착했을 것입니다. 십 년 내지는 십오 년이라는 세월이 지나는 동안에 세계는 커다란 걸음을 내디뎌 나가리라 생각합니다. 한데 이 국제성의 유무有無에 따라서 무역마찰과 같은 문제도 생기는 것입니다.

젊은 사람들 사이에서는 점점 없어져 가는 일이겠지만, 내가 가끔 외국의 대학에 강의하러 가면 다음과 같은 것을 종종 보게 됩니다. 파리, 뒤셀도르프 또는 암스테르담과 같은 도시에는 일본인들이 일본 돈을 가지고 가서 외국인이 경영하는 가게에는 문제없이 값을 치를 수 있게 되어 있다고 합니다.

가령 북유럽의 어떤 도시에도 일본 요리를 맛있게 하는 가게가 생깁니다. 그래서 가보면 퍽 친절한 일본인 점원이 있습니다. 맛있어 보이는 일본 음식의 메뉴도 있습니다. 그리고 "엔円으로 내셔도 좋습니다"라는 말을 듣는데 엔이라면 값의 고하를 대개 알 수 있으니까 엔으로 치릅니다.

그 정도라면 그나마 괜찮겠지요. 그런데, "이러이러한 선물을 사고 싶은데 어디 좋은 가게가 없을까요?"하고 물으면,

"어디 어디로 가면 일본 사람이 경영하는 가게가 있습니다. 이 근방 나라들의 선물은 모두 갖추어 놓고 있죠"라는 대답을 듣게 됩니다. 그러면 이쪽도 북유럽 계통의 말은 모르니까 그 가게에서 사러 갑니다. 그 도시에 사는 내 친구의 농담으로는 그런 가게에는 심지어 메이드 인 재팬Made in Japan이라고 쓰인 그 나라의 국기까지 있다는 것입니다. 그야 어떻든 간에 일본인들은 많은 일본 돈을 일본인 상점에 돌려주고 일본인만이 벌게 되어 있습니다. 나도 처음에는 그것이 편리하다고 생각했습니다. 그러나 이것은 잘못된 일이라고 고쳐 생각하고는 스스로 북유럽의 특산품 가게를 찾아다녔습니다. 그래서 표지가 나무로 되어 있는 재미있는 대형 공책을 발견한 일도 있습니다.

그러니까 일본인이 많이 찾아와도 그 나라 사람에게는 아무런 이득도 없다고 내 친구는 말하는 것입니다. 일본 관광객은 일본에서 온 탑승원이나 안내자가 안내하고 다니며, 선물은 일본인 가게에서 삽니다. 배가 고프면 일본인 식당에 가고 일본 엔으로 지불해도 됩니다. 이리하여 일본인은 방문한 나라의 사람이 경영하는 가게에는 돈을 뿌리지 않고 선물조차 일본인 가게에서 사고 맙니다. 그러니까 아직도 미국 관광객들을 더 좋아합니다. 미국 사람은 그런 짓은 안

하기 때문입니다. 그들은 대개 호인다운 점이 있습니다.

일본에 오는 미국 사람들은 일본인의 엉터리 고물상들이 터무니없는 값을 불러도 그대로 치릅니다. 그리고 일본에 와서는 미국인이 경영하는 스테이크 요리점에 가지는 않습니다. 아마도 호기심이 강한 탓인지는 몰라도 일본인이 경영하는 가게에서 일본 음식을 먹고 돈을 뿌리고 갑니다.

미군 점령 기간에 PX라는 군대의 가게가 있었습니다. 그 시기에 점령군인 미국인들은 거기에 가서 미국인끼리 달러로 거래하면서 물건을 사고팔았습니다. 그런데 지금의 일본 사람은 그와 똑같은 짓을 외국에서 하는 것입니다. 다시 말해서 경제적 점령을 한 것입니다. 그러니 미움을 사도 당연하다고 생각합니다. 지금은 심지어 독일이나 프랑스의 유서 깊은 옛 성을 매수하여 현대식 호텔로 고쳐서 돈을 벌려는 일본인이 있어서 유럽 사람들이 난처해하고 있습니다. 이렇게 되면 통상적인 경제적 경쟁조차 오해를 받을 소지가 생깁니다.

대저 국제성이란 전쟁을 회피하기 위한 심층적인 준비라고 생각합니다. 그러나 미움을 사게 되면 아무래도 전쟁이 일어난 가능성이 커집니다. 물론 전쟁 회피는 개인의 마음가짐의 문제만은 아닙니다. 그러나 국제성을 갖는 것이 어떤 것인지, 인터내셔널리티internationality가 무엇인지를 잘 생각해 보아야 합니다. 이것은 마음가짐의 문제, 즉 윤리의 문제이며 언어 능력의 문제는 아닙니다.

어학과 기기機器의 습득

그렇지만 자신의 이해관계를 넘어서서 남들과 사귀기 위해서는 분명히 언어가 필요합니다. 국제성의 한 표출로서 윤리적으로 교제하고 서로 돕는다는 마음가짐을 갖추려고 할 때, 새로운 사회에서의 덕목 중 하나는 한 가지 외국어 정도는 공부하는 것입니다. 이것이 지적인 덕의 하나로 생각합니다.

그리고 우리가 기술 사회 속에 있다는 것을 생각하면 어떤 기계를 하나쯤은 조작할 수 있는 것이 중요해집니다. 그것도 한 가지 덕목이 되리라고 생각합니다. 가령 자동차를 운전하는 기능이 있다는 것은 그만한 역량을 가지고 있는 것이 됩니다. 왜냐하면 병자나 노인을 병원으로 데리고 가는 것을 비롯하여 남에게 편익을 제공할 수가 있기 때문입니다. 그런 의미에서 볼 때 기술의 노예가 될 필요는 없지만 적극 기술의 힘을 터득하는 것은 중요한 일입니다. 그것은 자연환경에서 수영을 할 줄 아는 것과 같습니다.

그리고 무엇보다도 국제성이 풍부한 마음가짐은 중요합니다. 나는 언젠가는 국경 없는 세계borderless world가 오리라고 믿습니다. 에코에티카는 그것 때문에 있습니다. 그것은 인류가 인격으로서 평등하다는 생각과 맞물리는 것입니다. 따라서 우리의 에코에티카는 그 희망의 표현이라고 해도 좋을 것입니다.

이러한 일은 누구나 상식적으로도 생각할 수 있는 것일지 모릅니다. 다만 우리는 그것을 윤리학이나 철학이라는 이론적인 체계로서 생각해 가는 노력을 이어나가고 있는 것입니다. 그러나 이것은 어려운 과업이며 대학에도 이러한 연구 시설이 있지 않으므로 연구에 대한 보조가 필요합니다. 그 보조의 하나는 생각하고 따지는 지평을 조금씩 넓혀 나가는 것입니다. 조금이라도 인류의 미래에 도움이 되리라고 여러분이 생각하여 그 지평을 넓혀 준다면, 내가 쓴 이러한 책도 팔리고 읽히게 되리라고 생각합니다. 그러면 미래에 희망을 거는 새로운 윤리획의 생긱이 세간으로 스며들 것입니다. 오직 한 사람 한 사람이 사유할 때 비로소 에코에티카는 형성되는 것입니다.

에우트라펠리아(기분 전환)

에우트라펠리아eutrapelia란 원래 희랍어로서 아리스토텔레스가 그의 『니코마코스 윤리학』에서 덕목의 하날 들고 있는 것입니다. 일본어로는 다카다 시부로[高田三郎]도 가토 신로[加藤信朗]도 대개 같은 식으로 번역하여 익살과 촌스러움 사이의 중용中庸으로서 기지機知라는 말로 옮겨 놓았습니다. 다만 이것은 잊힌 덕목으로서 방치되어 온 것이 아닐까요? 이 말을 유머나 위트wit 정도로만 이해한다고 해도 그것은 없는 것보다는 한결 나을 것이며, 그것으로 사회가 다소라도 릴랙스relax할 수 있다면 즐거운 일이겠습니다. 그러나 나는 그 말의 본뜻에 주목하고 싶습니다. 그것은 '능란한 전환'이라는 의미로서 차라리 행복을 향해서 기분을 전환하려는 사고 방식을 나타냅니다.

이렇게 생각하면 그것은 우선 자기 통제의 덕목의 하나가 됩니다. 다시 말해서 그것은 예술이나 상상이 넓은 터전을 마련하여 기계의 굴레나 인간 조직의 그물에 의해 폐쇄된 자아를 해방하는 것이며, 또한 남을 그 터전으로 권유하는 지적인 덕목이 될 것입니다.

제 4 장

도덕과 논리

1. 일본인의 도덕의식

논리를 사고방식의 절차라고 보면 일본인의 사고방식 역시 문제로서 제기될 수 있을 것입니다. 첫째로 시고란 오랜 관습 속에서 형성되어 온 문화적 소산이므로, 일본이라는 섬나라의 여건하에서 일본 문화를 형성시켜 온 논리가 있을 터입니다. 그리고 둘째로 사고는 언어를 통해서 전개되므로 일본어 속에서 사는 일본인의 논리라는 것도 있을 것입니다. 따라서 도덕과 논리를 고찰하려고 할 때, 우선 일본인의 도덕의식과 논리의 관련을 살펴보는 것도 하나의 방법입니다. 그리고서 도덕에 관한 인간의 일반적 논리를 생각해 보기로 하겠습니다.

한데 일본인의 도덕의식을 고찰하기 위해서 나는 고전古典을 비롯한 여러 문헌에 따라서 살펴본 일도 있지만, 여기에서는 구체적인 경험에 따라서 생각해 보려고 합니다.

내가 외국에서의 교수 생활을 경험하게 된 것은 1955년경부터입니다. 그때는 사 년 정도 계속했지만, 귀국한 이후로는 객원 교수로서 일 년 간 나가 있던 일도 있고, 또 집중 강의集中講義나 국제회의 때문에 거의 매년 한 번은 출국했습니다. 더구나 최근에는 국제 철학 위원회와 집중 강의가 많아서 일 년에 세 번 정도는 나갑니다. 그러니까 적어도 일 년 중의 두 달은 외국에서 보냅니다. 한데, 초기 즉 1970년경까지의 십오 년과 그 후의 이십 년을 비교해 보면 일본인에 대한 전반적 평가에는 엄청난 차이가 있습니다.

1970년경까지 일본의 경제력은 별로 강하지 못했고 따라서 일본인은 비교적 가난했습니다. 그러나 지적인 분야에서 선택된 사람들이 많았다는 이유도 있어서, 도덕면에서는 일본인의 신용은 매우 높았습니다. 일본인은 제2차 세계대전

때는 비인도적인 짓을 했지만, 그것은 비상시의 집단 히스테리와 같은 것이고, 지금의 일본인의 행동거지를 보면 모범적이라고까지 평가되었습니다.

그러나 그 후 강대해진 일본의 경제력은 일본인 근면의 덕이기도 하지만, 또한 공평하게 보면 일본 정부와 기업이 염치없이 펼쳐나간 국익 중심의 정책 때문이기도 합니다. 결국은 유럽과 미국의 기술을 활용하고 주변의 아시아 여러 나라를 이용하는 방법으로 급속히 세계 시장을 정복해 나갔습니다. 그런 일에 대한 질투 내지는 공정한 비판 때문에 그리고 일본인 여행자의 방자하고 금권적金權的인 태도 때문에, 일본인에 대한 평판은 유럽이나 미국에서도 또 아시아 제국에서도 전반적으로 좋지 않다는 것은 주지의 사실입니다. 이것은 결국 돈만 있으면 되지 않느냐는 벼락부자의 경우와 같은 윤리의 저하에 기인한다고들 말합니다. 사실, 모든 것을 실리와 결부시키기만 하므로 윤리를 생각하지 않는 최근의 일본의 풍소는 매우 나쁜 것으로 생각합니다.

그렇긴 하지만 일본인의 도덕이 특히 저하했다거나 나빠졌다는 말에 대해서는 나는 다소 의문을 품고 있습니다. 일본만큼 치명적인 사건이 적고 법질서가 준수되는 나라는 많지 않습니다. 한밤중에 여성이 혼자서 거리를 걸을 수 있는 도시는 일본에서는 보통이지만, 그것이 불가능한 나라가 적지 않습니다. 일본에는 과격파에 의한 불행한 폭파 사건이나 우익 단체에 의한 저격 사건 따위가 있긴 합니다. 그러나 유감스럽게도 오늘날 그런 일은 어느 나라에도 있습니다. 나는 파리의 생제르맹 데 프레Saint-Germain-des-Prés 거리[1]에서 끔찍한 폭파 사건을 스스로 체험한 일이 있습니다. 또 미국이 신문을 보면 유괴 사건이 흔하게 일어납니다. 그리고 정치가들의 금권주의를 비롯한 도덕적 타락, 요인의 암살이나 성적 문란紊亂, 마약의 해독 등 여러 가지 문제가 모든 나라에서 공통으로 일어나고 있다고 생각되는데 이런 점에서는 일본은 아직도 나은 편입니다.

그렇다면 일본인의 도덕의식이 특출할까요? 외국에 나가는 일본인의 행실이나 국내에서의 공덕심公德心의 결핍을 보면, 일반화된 영리주의와 권력 지향, 흔히 일어나는 배신행위 등 역시 문제가 있습니다. 하기야 표면적으로는 법질서가 유지되도록 여러 가지로 꾸며져 있지만, 희생정신이나 봉사 정신은 다른 나라에 비해서 미약한 것 같습니다. 따라서 말하자면 플러스 마이너스 제로입니다. 외적外的인 질서는

---

1. 문화인들이 많이 모이는 파리 중심부의 거리.

비교적 지켜지는 나라이지만 그 질서를 지탱해 주고 있는 것은 밀집해 사는 남들의 이목耳目이며, 진실로 도덕을 지탱하는 것이 무엇이냐는 내면적 문제로 보자면 일본은 반드시 낙관할 만한 상태에 있지는 않다고 여겨집니다.

일본인의 도덕을 에코에티카의 견지에서 볼 때, 다만 사람과 사람과의 관계만이 아니라 에코에티카의 또 하나의 측면, 즉 사람과 사물의 관계를 고려할 필요가 있습니다. 그렇다면 사람과 사물의 관계에서 일본에서 특히 눈에 띄는 것은 무엇일까요? 이 점에 관해서 나는 스스로 경험한 작은 예를 들면서 이야기해 보겠습니다.

나는 얼마 동안 유럽의 대학에서 교수로서 정식으로 근무한 기간이 있었는데, 그때 절감切感한 일이 한 가지 있습니다. 나는 한 대학에서 겨우 일 년 정도씩 근무했지만, 그간에 내가 사 모은 책은 상당한 분량이었습니다. 그런데 외국학자들은 간혹 아주 방대한 장서를 가지고 있고 그렇지 않더라도 내가 그 나이에 가지고 있었던 섯보다는 한결 많았지만, 소장하고 있는 장서가 적은 학자들도 꽤 되었습니다.

그렇다면 그들은 책을 별로 읽지 않는 것일까요? 천만의 말입니다. 그들은 도서관이나 연구실을 이용하면서 많은 책을 읽습니다. 그런데도 그들은 일본의 교수보다는 한결 많은 월급을 타고 있었습니다. 일본의 교수를 보면 대개 집이 기울 만큼 엄청난 책을 가지고 있는 것이 실정인데, 그 반면에 연구실의 책의 양은 외국의 연구실에 비해서 적고 또 도서관도 정비되어 있지 않습니다.

또 나의 학생 시절을 돌이켜보아도 그렇습니다. 혼고本鄕 부근에 하숙하고 있던 도쿄 대학의 학생이나 미타三田² 가까이에서 하숙하는 게이오慶應 대학의 친구들을 찾아가 보면 사면의 벽이 모두 책으로 가득 차 있었습니다. 지금도 공부를 열심히 하는 학생의 집에 가면 잘 자리가 없을 만큼 책이 잔뜩 쌓여 있습니다.

이에 반해서 외국의 학생 기숙사는 견고하게 지어져 있어서 책을 아무리 많이 쌓아 놓아도 기울지 않게 되어 있는데도 방안이 깨끗이 정리되고 서가에는 겨우 20권 정도의 책이 꽂혀 있을 따름입니다.

또 누구나 알고 있는 일이겠지만 일본의 재계나 정계의 사람들은 어느 정도 성공하면 미술품이나 골동품을 소유하려고 합니다. 그리고 소유하게 된 것을 장 속에 넣어 두어서 여간해서는 볼 수가 없습니다. 이용하지를 않는 것입니다.

---

2. 혼고, 미타ー 각각 도쿄 대학과 게이오 대학이 있는 동네의 이름.

반대로 외국은 박물관이 충실하므로 특별한 대재벌이 아니라면 개인이 아주 유명한 미술품을 가지고 있는 일은 드뭅니다.

이런 점으로 보아 일본인에게는 사물에 대한 소유의 파토스pathos가 매우 강하고 이용의 파토스는 약하다고 말할 수 있겠습니다. 학생들의 속어를 빌리자면 이른바 '쓴도쿠ッン讀'[3]가 아주 많아 개인적으로는 책을 많이 가지고 있지만, 유감스럽게도 도서관의 이용률 따위는 매우 낮다고 생각됩니다.

이렇듯 사용보다도 소유의 파토스가 매우 강하다는 것은 다른 경우에도 볼 수 있는 일입니다. 가령 고지마치麴町나 아자부麻布와 같은 동경의 일류 주택지에는 담을 둘러싸 '출입금지'라는 푯말을 달아 놓고 전혀 사용하고 있지 않은 땅이 있습니다. 혹은 남의 집 테라스 앞을 주차장으로 삼는 일도 있습니다. 다시 말해서 이것은 일본인이 '소유하면 사용의 권리까지 있다'는 착각을 한다는 승거일지도 모릅니다.

그러나 소유권이 곧바로 사용권을 포함하지는 않는다는 것은 당연합니다. 가령 일본에서는 칼의 소유는 허용되어 있

---

3. 책을 사서 쌓아두기만 하고 읽지는 않는다는 것을 빗대어 하는 말(積讀).

지만, 그것을 길거리에서 마구 휘둘러대도 좋다는 것은 아닙니다. 이렇듯 소유권과 사용권이 결부되어 있지 않은 것은 분명합니다. 그럼에도 현실 생활에서는 '내 땅이니까 어떻게 써도 상관없다' 든가, '내 집이니까 어떻게 지어도 좋다' 는 따위의 생각이 지배하고, 이것이 도시의 미관을 해치는 것이 사실입니다. 또한 이런 마음가짐이 경제 활동이나 정치 활동에서 잘못의 원인이 되는 것이 아닐까 생각합니다.

법을 넘어선 서비스로서의 도덕, 집단적 결합과는 달리 개인의 내면으로부터 나오는 도덕, 문화적 사물事物이 공개화, 활용화活用化로서의 도덕, 소유와 사용의 구별, 지금까지 고찰한 범위 내에서 볼 때 이러한 것들이 일본인의 의식 혁명에 필요할 것입니다.

이와 관련된 이야기이지만 우리는 서구西歐와는 달리 죄악이나 부정不淨을 축문祝文이나 액막이로 씻어낼 수 있다는 전통적인 생각을 하고 있습니다. 그리고 이렇게 씻어낸 부정은 대해大海 깊이 내려앉아 어디론가 실려 간다는 말이 축문 속에 자주 나옵니다.

부정이나 죄가 모두 어떤 보이지 않는 곳으로 쓸려가서 깨끗해진다는 것은 생활의 기술로서는 효과적인 지혜일지도 모르지만, 그것은 진실한 의미에서의 후회가 될 수는 없습니다. 일본에는 예로부터 '수치의 문화'가 있었다고 하는데, 그것은 '남들 앞에 얼굴을 들고 다닐 수 없어서 딱해졌다'는 생각은 될망정 부덕한 탓으로 자신을 부끄러워한다는 것을 의미하지는 않습니다.

무슨 수치심을 느낀다 해도 그것은 세간世間에 대한 수치심입니다. 따라서 세상이 잘못되어 있다면, 그 잘못을 따르는 것이 부끄럽지 않은 일이 될 것입니다. 이것이야말로 세상에 영합하는 짓입니다. 다시 말해서 일본의 '수치의 문화'는 내면적인 '수치의 도덕'은 아니라는 말입니다. 그런 점에서 진실한 의미에서의 '수치의 문화'가 아니라고 생각합니다. 외면적인 부끄러움이 있을 따름입니다.

일본의 도덕을 재건하기 위해서는 교육 면에서 이런 점에 유념해야 할 것 같습니다. 즉 윤리적 반성이란 세간에 귀를 기울이는 것이 아니라 자기 자신으로 돌아가는 환원還元의 논리라는 것을 알아야 합니다.

2. 기술연관과 도덕의식의 변화

이렇듯 일본인의 도덕 문제도 큰 것이지만, 이제 현대라는 이 시대와 도덕과의 관계를 주제로 생각해 봅시다. 우선 현대사회라고 할 때, 우리가 도시 무엇을 생각하느냐는 것이 문제가 됩니다. 왜냐하면, '사회'라는 말은 매우 자명한 것처럼 사용되고 있지만, 아무래도 사람마다 자신의 생활 환경과 직결된 사회만을 생각하기 때문입니다.

가령 나는 교육이나 연구의 측면에서만 사회를 생각하고, 기업에 종사하는 사람은 기업인으로서의 눈으로 본 영역만을 사회라고 할 것입니다. 그 이외로도 농촌사회나 도시사회와 같은 것도 있으니까, '사회'란 매우 모호한 말입니다. 따라서 현대사회가 무엇인지를 분명하게 하기 위해서는 그것을 한 가지 특색으로서 파악할 필요가 있습니다.

나는 현대사회의 특색이 기술연관에 있다고 생각합니다. '기술연관'이라는 말을 사용하는 한, 그것은 공시적共時的 현상으로서 전 세계의 어느 사회에도 타당할 것입니다.

인간의 문명사를 크게 나누면 세 단계가 되겠지요. 하나는 도구를 사용하던 시대인데, 여기에서 도구라는 것은 우리의 수족手足이나 감각의 연장에 불과합니다. 그래서 도구를 사용할 때 우리의 육체는 다소 편해지긴 하지만, 육체를 전적으로 움직인다는 점에서는 변화가 없었습니다. 도구의 질적인 차이는 있었지만, 이 시대는 매우 길어서 거의 15에서

16세기까지 계속되었다고 보아도 좋을 것입니다.

다음으로는 기계의 시대가 옵니다. '기계機械'라는 단어는 앞에서 말한 것처럼 『장자莊子』에 나오는 오래된 말입니다. 영어의 머신machine의 어원인 '메카네'라는 말도 희랍 비극의 시대로부터 있어온 것입니다. 따라서 정의할 때 그 두 가지를 구별해야 하겠지만, 글자 그대로 '스스로 움직이는[機] 구성[械]을 한' 것이라고 생각하면, 기계 시대의 시작은 내연기관을 갖추고 스스로 움직이는 도구가 생겼을 때라고 할 수 있습니다. 다시 말해서 제1차 산업혁명 전후가 기계의 성립이 있었던 시대라고 생각합니다. 아시다시피 처음으로 증기 기관차가 달린 것은 1825년이었습니다.

한 걸음 더 나아가 그 기계들이 서로 연관이 있게 되었을 때, 처음으로 '기술연관'의 세계가 성립했다고 해도 좋습니다. 자동차가 생겼을 뿐 아니라 자동차를 달리게 하는 길이 필요해지고, 또 그것을 기능적으로 처리하는 전기 신호기가 곳곳에 만들어진다든가, 자동차를 움직이는 연료가 석유 콤비나트kombinat[4] 등에 계통적으로 옮겨지게 되면 어디 한 군데가 고장을 일으켜도 자동차는 움직일 수 없게 됩니다.

---

4. 독일어로 산업연합의 뜻.

오늘날에는 전화, 텔레비전, 팩스 등으로 통신이 세계적 동시성을 보이고 각종 교통 기관도 온 세계에 연락망이 짜여 있습니다. 이러한 대규모의 기술연관이 전세계에 조직적으로 이루어진 시대가 20세기 후반의 특색이 아닐까 생각합니다. 그러한 기술연관의 차원에서 보는 한, 현대사회는 세계의 어디에서도 같은 성격을 가지고 있다고 여겨집니다.

다음으로는 기술연관의 사회 속에서 도덕이 어떤 영향을 겪었는지를 생각해 봅시다. 미리 말해 두지만, 종래의 도덕적 견지에서 보자면 마이너스의 측면이 매우 크게 드러납니다. 그러나 다른 한편으로 종래에는 생각할 수 없었던 플러스의 측면도 있어서, 앞장章에서 말한 것처럼 새로운 덕목이 생기기도 했습니다. 따라서 간단히 플러스 마이너스를 말할 수는 없는데, 우선 현상 분석現狀分析을 하면서 객관적으로 살펴보려고 합니다.

누구라도 우선 주목하게 되는 것은 기술연관 속에서는 사랑, 친절, 성실과 같은 덕보다는 기능이 더욱 존중되어야 한다는 특색입니다.

아주 알기 쉬운 예로 의료醫療 행위를 생각해 봅시다. 도구가 없었던 옛날에는 찬 바람을 손으로 막아 주는 따위의 행위가 치료였습니다. 따라서 기술이 없는 세계에서 치료할 때 어떤 모습이건 진실한 사랑이 필요합니다. 적어도 손을 대서 덥혀 준다든가, 반대로 식혀 줄 필요가 있다면 자기의 손을 찬물에 적셔서 대준다는 정도의 일은 해야 하므로 제 속에 다소라도 사랑이 없으면 치료를 할 수 없었던 것입니다.

그러나 현대에는 극단적으로 말해서 그런 종류의 치료에 조차 기능이 수반됩니다. 즉 도구나 기계가 생기면 의료 기구의 사용법만 잘 알면 됩니다. '불쌍하다, 불쌍하다'고 생각하며 눈물을 흘리다가 주사기의 눈금을 잘못 보는 일이 생기면 도리어 치명적인 결과가 초래됩니다. 극단적으로 말해 보자면 '친절한 무능보다는 유능한 불친절이 낫다'는 것이 됩니다.

결국, 이러한 일은 기술연관의 세계에서는 일종의 내면소거內面消去가 이루어지고 있다는 뜻이 됩니다. 내면을 소거하고 외면적인 기능만으로 사람을 평가하는 상황, 또한 실제로 외면적 기능이 능란하지 않으면 친절이나 사랑이 실현될 수 없는 상황이 있나는 점을 생각해 보지 않으면 안 됩니다. 이러한 상황을 그대로 놓아두면 종래의 도덕과는 잘 맞물리지 않는 매우 어려운 일이 생길 수도 있습니다. 그럼에도 기술연관의 세계에서는 우수한 기능을 가진 사람이 실제로 사랑의 실현에 공헌한다는 사실을 우리는 인정하지 않을 수 없습니다.

극단적인 경우로 로봇이 사람보다도 더 유용한 일이 있습니다. 자동차 공장 따위를 보면 내면성이 없는 로봇 덕분에 노동력이 절감되고 인간이 비참한 육체노동에서 해방되는 것입니다.

또 하나의 특색은 인간이 부품화部品化해 가고 있다는 점입니다. 극단적인 예를 들자면, 학교의 교사는 기능과 인격이 하나로 뭉친 사람이라고들 하지만 현실적으로는 어떨까요? 어떤 나이 든 영어교사가 퇴직한다고 합시다. 그때 다른 교사를 쓰는 대신에 가령 훌륭한 발음이 녹음된 기계를 사 와서 발음 시간이나 회화 시간에는 그 기계를 트는 일을 생각해 볼 수가 있습니다. 옛날에는 꿈꾸지도 못했던 우수한 교육기재가 나와 있으니까 그런 일도 가능해집니다.

더구나 일본어의 억양이 섞인 영어보다는 원어민의 말이 녹음된 기계가 발음으로서는 더 정확하다는 것은 당연합니다. 그 점에서만 보자면 일본인 선생보다는 기계가 학생을 위해서 더 유용하다고 말할 수 있습니다. 이것은 기능적인 면에서 기계가 인간에 대치되어도 좋다는 생각의 소산이며, 극단적으로 말하면 인간이 부품이 되어서 기능 면에서만 사용되고 있다는 이야기가 됩니다.

옛날에도 이런 일은 있었을지 모릅니다. 적어도 사람을 바꾸는 일은 옛날에도 있었습니다. 그러나 현대에는 사람보다도 우수한 기계가 있으면 기계로 보충하는 일이 생겼습니다. 임상 진단에서도 얼마나 많은 기계가 그 역할을 담당하고 있는지 두말할 필요도 없습니다. 무인 운전 따위를 이상으로 삼으려는 발상도 나오고 있습니다. 이러한 사실들은 앞에서 말한 내면소거에 뒤이어 기능면에서 인격소거人格消去가 이루어지고 있다는 것을 말해 줍니다.

최근에는 국수나 커피도 길모퉁이에 설치된 자동판매기로 먹고 마실 수 있습니다. 그래서 밤중에 차를 몰고 가다가 피곤해져도 걱정이 없습니다. 가게가 닫혀 있거나, 또 혹시 열려 있다고 해도 점원이 불쾌한 낯으로 대하는 그런 시간에도 돈을 넣고 단추를 누르기만 하면 원하는 것이 나오는 편리가 있기 때문입니다.

그런 점을 생각하면 분명히 편리한 것 같습니다. 그러나 내화가 없는 부품과의 응대應待가 이루어진다는 것은 다름 아니라 우리 자신이 기호를 매개로 사물과 관계를 맺는 사물 그 자체로 변화하고 있다는 점을 생각해 보아야 합니다. 이것이 현대 사회의 특색을 기술연관의 견지에서 볼 때에 생기게 되는 또 하나의 특색입니다.

셋째 특색으로는 부품화에 의한 신호적信號的 반응을 들 수 있습니다. 가장 알기 쉬운 예는 앞서 말한 교통의 경우입니다. 우리는 신호가 파랑이면 당장 걸어나가야 하고 빨간색으로 변하면 당장 멈추어야 합니다. 다시 말해서 신호가 사람에게 정확하고 신속한 반응을 강요하기 때문에, 스스로 생각하여 결단하는 훈련의 습관이 박탈됩니다. 제도나 기계가 진보할수록 그런 경향이 강해진다고 할 수 있습니다.

한데 이런 사태는 사고의 측면에서의 마이너스뿐만 아니라 종래 있었던 예의禮儀도 이미 지킬 수 없는 상황을 가져옵니다. 가장 쉬운 예를 들어 보죠. 파란 신호를 받아 저쪽에서 옛 선생이 걸어오고 이쪽에서는 우리가 걸어가는 경우, 비록 10년 만에 만났다 해도 그 자리에서 절을 꾸벅 하면서 "오래간만에 뵙겠습니다"하고 인사하는 것은 불가능합니다. 상대방이 선생이건 동료이건 간에 "여!" 정도의 외마디 소리만 남기면서 스쳐 지나가야 합니다. 진정 예의를 갖추려면 선생이 건너간 쪽으로 자기가 되돌아가면 되지만 과연 그럴 만한 시간적 여유가 있을까요? 따라서 길에서 서로 만나게 되어도 인간으로서의 예의를 지키기보다는 신호의 권위를 따르는 꼴이 되는 것입니다. 이것은 가장 알기 쉬운 예이지만 그와 같은 예를 다른 곳에서도 얼마든지 찾아볼 수 있습니다.

　자동차 사회에서는 이런 경향이 더욱 심해집니다. 백미러에 선생이나 상사의 차가 비쳤다고 해서 "먼저 가십시오"라고는 할 수 없습니다. 꼭 자기 자신이 먼저 가고 싶어서가 아니라 물리적 질서에 따라서 움직일 수밖에는 없기 때문입니다. 그것이 좋은지 나쁜지는 별문제로 치고, 현실이 그렇다는 것을 잊어서는 안 된다고 생각합니다.

　넷째 특색은 더욱 끔찍한 것입니다. 인간이 방금 언급한 형식으로 기능적 부품으로 취급되고 스스로 그렇게 행동하지 않을 수 없는 경우에조차, 인간은 결코 기계가 아니며 여전히 살아 있는 존재입니다. 그렇지만 직접적 반응만으로 움직인다면 이미 인간이 아니라 일반적인 생물과 다를 바 없게 됩니다.

　자연 속에서 신호에 반응하며 사는 것이 동물인데 반하여, 인간은 자연에서의 신호적 반응을 거부하고 더욱 높은 세계를 꾸밀 요량으로 별개의 세계(기술연관의 세계)를 만든 터입니다. 한데 그 기술 연관의 세계에서 인간이 행동하는 것을 보면 마치 동물이 자연의 현상에 반응하며 행동하는 것과 똑같이 동물적으로 반응하면서 사는 것입니다.

　그렇다면 기술연관이라는 새로운 세계 속에서 사는 동물

로서 인간을 규정해도 좋다는 이야기가 되는 것일까요? 과연 그런 규정이 가능할까요? 아시다시피 같은 종류의 동물은 매우 큰 위험을 당했을 때를 제외하고는 반드시 서로 인사를 합니다. 개미는 개미끼리, 개는 개끼리 제 나름대로 인사합니다. 그러나 인간은 적어도 도시 사회에서는 그런 인사조차 하지 않습니다.

내가 매우 유감스럽게 생각하는 일이 있습니다. 점심시간에 식당에 들어갔을 때 자리가 하나 비어 있고 맞은편에서 누가 먹고 있다고 합시다. 그가 같은 회사의 사람이 아닐 경우, "이 자리에 앉아도 좋을까요?"라고 하면서 인사를 차리는 이도 있지만, 그 정도의 말도 하지 않는 것이 보통입니다. 그냥 무턱대고 앉고, 상대방에게 맛있어 보이는 음식이 나오건 또 그가 맛있게 먹고 있건 간에 아무 말도 하지 않습니다. 말을 걸면 상대방이 도리어 이상하게 여기거나 귀찮아할지도 모르기 때문입니다. 다소 여유가 있는 사회에는 "맛있게 잡수세요" 정도의 말은 하는 습관이 남아 있는 도시도 있긴 하지만 거의 모든 대도시에서는 식탁에 마주 앉아도 상대방이 모르는 사람이라면 마치 목석을 대하듯 눈을 마주치지도 않고 그냥 먹기만 합니다.

혹시 말을 주고받는다 해도 그것은 겨우 다음과 같은 경우뿐입니다. 상대방이 스포츠 신문 따위를 읽고 있다가 음식이 왔기 때문에 그것을 옆자리에 놓았을 때야 겨우 "여기 자리가 비어 있나요?"라고 묻는 것이 기껏입니다. 또 상대방이 일어서서 가려고 하더라도 "안녕히 가세요"라는 말 한마디 던지지 않습니다. 이런 일은 책망받을 만한 것인지도 모릅니다. 그러나 다른 한편으로 생각하면 우리는 매일 전동차에서 많은 사람과 어깨를 비벼대고 있는 형편입니다. 그러니 그 사람들과 일일이 인사를 하다가는 입이 아프고 목도 휘게 될 것입니다. 따라서 오늘날의 사회는 상호 간의 인사를 거부하게 하는 상황이 되어 버렸다고 생각됩니다.

그래도 이렇게 냉정하게 보이는 인간이라도 산에서 만날 때는 "안녕하세요"라고 인사합니다. 또 불안한 사막 지대나 말이 전혀 통하지 않는 폴란드나 불가리아의 시골 마을 같은 곳에서 일본 사람들끼리 만나면 반드시 같은 종류의 동물들처럼 빙그레 웃으면서 "어디에서 오셨죠?" 정도의 말은 주고받는 것입니다.

그러나 영어나 프랑스어 등의 외국어로 의사소통되는 곳에서는 일본인끼리 만나도 인사를 하는 일이 거의 없습니다. 더구나 서로가 외국인일 때 같은 차에 타도 특별한 관심이 없다면 그냥 입을 다물고만 있습니다. 아무래도 길을 물을 필요가 있다거나, 혹은 일상성으로부터의 해방감이 가득 찬 여행을 하는 따위의 특수한 경우는 별문제이지만, 통상적인 도시생활에서는 인간은 동물로서의 행동조차 하고 있지 않다고 말할 만합니다. 다시 말해서 인간은 분명히 생생하게 살아 있는 존재이면서도 기계의 부품처럼 되고 만 것입니다.

따라서 이런 사회에서의 윤리는 물체 상호 간의 물리적 조정調整과 흡사하여집니다. 가령 도쿄의 출퇴근 시간에는 전동차 안으로 되도록 많은 사람을 밀어 넣기 위한 역원驛員이 있고 또 아무리 몰인정한 사람이라도 몸을 움츠리고 타고 갈 수밖에 없습니다. 그것은 마치 트렁크 속에 물건을 최대한 쑤셔 넣는 것과 비슷합니다. 이때 몸을 움츠리고 있지 않으면 주위의 사람들은 '저이는 불친절하다, 부도덕하다'고 속으로 생각할지 모릅니다. 이것은 결국 수량 관계에 따라서 효과적인 방향으로 움직여 가는 물리적 조정이 지배한다는 뜻이 될 것입니다.

인간이 물체화로서의 자기소외가 이렇듯 통근이라는 일상성 속에서 실현되고 있는 이상─이 물체화로서의 자기소외는 자동차를 운전하면서 통근하는 사람도, 또 앞서 말한 신호에 대한 반응적 맹종 연속의 경우도 마찬가지로 생각되지만─우리는 자유의 세계에서 사는 것이 아니라 자의성恣意性과 필연성의 차원에서 움직이고 있을 따름이라고 여겨집니다.

비인간화의 논리는 더욱이 구매購買와 같은 일상적 경제 행위에도 미칩니다. 오늘날 우리는 무수한 자동판매기를 사용하여 표를 사고 물품을 구하곤 합니다. 자동판매기는 우리가 동전을 올바로 넣고 단추를 올바로 누르기만 하면 기계의 필연성에 의해서 바라는 물건을 입수할 수가 있습니다. 따라서 바라던 물건을 얻어 가져도 그것은 당연하며 고마워할 필요는 없다는 것이 됩니다.

이런 자동판매기는 1988년의 통계를 보면, 일본 전국에 약 600만대가 있다고 하니까, 일본의 인구를 1억 2천만이라고 칠 때 약 20명에 한 대꼴로 자동판매기를 가지고 있는 셈이 됩니다. 그리고 이런 기계는 나날이 증산됨으로 지금은 18명에 한 대 정도일지도 모릅니다. 그렇다면 도시에서는 나무보다도 자동판매기가 더 많다는 이야기가 됩니다. 이것이 우리의 환경입니다.

그러므로 그 속에서 살아가면서 물품의 획득은 필연적으로 생기는 비인간적 관계의 현상으로 이해되고 감사하는 마음은 자리 잡지 못하고 사라져 갑니다. 그리고 이런 사고방식을 따르자면 이 세상의 사물에 관한 한, 일체의 것이 경제와 기계로 충분하며 아무런 인간적 감정도 불필요하게 됩니다. 그래서 윤리는 인간 공학으로 변해 갑니다.

이상의 다섯 가지 특색이 우리가 살고 있는 기술 연관의 세계에서 당장에 알 수 있는 문제, 도덕에 관한 사고와 관련된 논리의 문제라고 생각합니다. 이런 사태가 좋으냐 나쁘냐는 판단이 중요한 것이 아니라, 그것에 대한 고찰에 따라서 도덕의 재건을 생각해 나가야 합니다.

3. 행위의 논리 구조

그렇다면 이런 요청에 대한 사고나 마음가짐으로서의 논리가 아니라 형식 논리적인 측면에서 새로운 도덕의 문제가 과연 존재하는 것인지 생각해 보기로 합시다.

왜 윤리에서 형식 논리를 문제로 삼아야 할까요? 인간의 윤리에 관한 물음은 주로 행위에 관한 것이지만, 행위는 인간의 생각에서 태어나는 것이기 때문에 생각의 조리로서의 형식 논리를 문제로 삼는 것은 당연한 일입니다.

그렇다면 인간은 행위를 시작할 때 어떠한 논리 구조를 경험하는 것일까요? 이 점에 관한 고전적인 생각으로서는 아리스토텔레스가 『니코마코스 윤리학』이라는 책에서 밝힌

추리가 있습니다. 니코마코스Nikomachos란 인명이며 아리스토텔레스의 조카가 되는 사람입니다. 그가 아리스토텔레스의 윤리학 강의를 책으로 엮은 것입니다. 이 책에 의하면 우선 행위는 바람직하다고 생각되는 어떤 것을 얻기 위한 것이며 그것이 목적으로 설정됩니다. 그리고 그다음으로는 그 목적을 실현할 수 있게 하는 수단을 찾습니다.

이렇게 목적을 가능하게 하는 방법을 우리는 일일이 종이에 적으면서 열거하지는 않지만, 어떻게 하면 좋을까 하고 생각할 때, 그 수단들이 거의 동시에 머리에 떠오릅니다. 가령 돈을 갖고 싶을 때는 제 물건을 판다, 은행에서 빌린다, 아르바이트한다, 친구에게서 꾼다, 도둑질한다 하는 따위의 여러 가지 수단을 생각합니다. 그리고 아리스토텔레스에 의하면 그중에서 가장 훌륭하고도(카리스타) 가장 쉬운 것(라이스타)이 있으면 그것을 고릅니다. 돈을 갖고 싶은 경우에는 그 욕망을 대전제로 삼고, 갚을 수 있을 만한 액수를 친구로부터 빌리는 것이 가장 간단하니까 그렇게 하자는 따위입니다. 그래서 친구를 찾아가서 부탁한다는 행위가 생깁니다. 따라서 행위는, p, q, r... 중에서 r이라는 수단을 골라서 A라는 목적으로 향하는 것입니다.

여기에서 목적은 자명한 것입니다. 돈을 갖고 싶다는 것은 자신에게 자명합니다. 의사는 이 환자를 고쳐 주어야겠다는 것이 자명한 대전제입니다. 그렇다면 고치기 위해서 어떻게 하면 좋을까? 전지요법을 권할까, 수술할까, 약을 먹일까, 그 모든 것은 함께 해볼까. 혹은 다른 의사에게 맡길까? 의사로서는 그런 것들을 생각해서 치료 방법을 결정합니다. 당연하게 들리지만 이런 것이 행위의 논리 구조입니다.

또 한 가지 예로 가령 신과의 합일合—이라는 종교적 이상을 품은 사람이 있어서, 신과 같은 경지에 이르려면 어떻게 하는 것이 좋을지 생각한다고 합시다. 수도원에 들어간다, 절에 간다, 자기의 재산을 가난한 사람들을 위해서 기부한다, 자원봉사 대원으로서 활동한다, 성서를 사 와서 읽는다, 신부나 목사에게 배우러 간다, 선수업禪修業을 한다는 등의 가지가지 수단이 머리에 떠오릅니다. 그리고는 자기에게는 사회인으로서의 일도 있으니까 절이나 수도원에 들어갈 수는 없고, 일요일에만 자원봉사 대원으로서 일하자는 식으로 수단을 결정하고는 목적을 향해 움직이는데 이것이 행위가 됩니다. 인간이 스스로 행위를 결정하는 데는 이러한 논리를 더듬어 가는 것입니다.

이것이 행위의 논리 구조로 알려진 것이며 그것을 넘어서서 새롭게 생각한 사람은 없었습니다. 그러나 나는 새로운 기술 환경의 세계에서는 행위의 논리 구조가 이것만으로 충분한지 일찍부터 의심해 왔습니다. 나는 지금껏 새로운 윤리를 구상하는 국제적인 연구위원회의 위원장직을 10년간이나 맡고 있는데, 그런 직책을 맡게 된 원인遠因으로서는 내가 아리스토텔레스와는 다른 행위의 논리를 밝혔기 때문입니다. 그것을 듣고 나면 "별다른 것도 아니군"하고 생각할지 모르지만, 논리적으로 밝힌다는 것은 그렇게 간단한 일은 아닙니다.

한마디로 해서 목적이 자명하게 설정되는 것이 아니라 강력한 수단 P가 사회에 자명하게 갖추어져 있다는 것이 내 생각의 기본입니다. 전력도 원자력도 그 일례입니다. 또 형태는 다르지만, 대자본도 그 예가 됩니다. 그리고 자명하게 존재하는 어떤 강력한 수단으로서의 힘 P로부터 어떤 목적을 달성할 수 있을까 하는 생각이 나옵니다. 따라서 수단 P가 자명하며, 수난 P로부터 분석적으로 생각되고 그 실현이 필연적으로 가능하다고 여겨지는 것들이 목적으로서 열거됩니다. 그리고 그 목적 중에서 하나를 어떤 원리에 따라 선택해 나가야만 하게 되어 있습니다.

일찍이 아리스토텔레스는 윤리적으로 무엇을 선택할 것

이냐는 물음에 대해서 가장 쉬운 동시에 가장 훌륭한 수단을 골라야 한다고 대답했습니다. 힘이 전제되는 현재에도 가장 훌륭한 것을 목적으로서 고르도록 애써야 할 것입니다. 그러나 현실적으로는 실현될 수 있는 목적 중에서 가장 편리하고 경제적으로 가장 큰 효과가 있는 것이 무엇이냐는 기준에 따라서 결정이 이루어집니다.

경제적으로 가장 큰 효과가 있는 것, 그것은 분명히 한 기업체로서는 의당 존중해야 할 판단 재료의 하나입니다. 그러나 그것이 논리적으로 가장 훌륭한 것인지 아닌지를 염두에 두지 않으면 안 됩니다. 아리스토텔레스의 논리는 '쉽다'는 것과 '훌륭하다'는 것의 두 가지 조건이 있었지만, 내가 제시한 논리에는 '쉽다'는 것 대신에 '경제적 효과'를 넣으면 되겠습니다. 그러나 그 외로도 역시 '훌륭하다'는 것이 있어야 합니다.

지금 언급한 현대적 행위의 논리 구조에서는 수단이 대전제가 되고 목적이 소전제로 된다는 점에서 논리적으로는 구조의 역전逆轉이 있다고 말하지 않을 수 없습니다. 그러나 이 구조의 역전이 이러한 형식으로 인식된 것은 1955년에 내가 그것을 발표했을 때입니다. 이것은 일본 철학의 한 가지 기여寄與이며, 가령 폴 리쾨르[5]라는 프랑스 철학자가 쓴 『현대

철학』岩波書店을 보면, 내가 이룬 새로운 윤리적 구조의 발견으로서 이 문제가 다루어져 있습니다.

이 두 가지 논리 구조 사이에는 전체적 역전뿐 아니라 그 외로도 커다란 차이가 있습니다. 아리스토텔레스가 제시한 고전적 사고방식은 개인적 차원에서는 지금도 타당합니다. 개인적 차원에서 생각된 이 논리 구조는 앞서 예시한 바와 같이 어떻게 하면 신神과의 합일이 가능한가 하는 따위의 초속적超俗的 희망에 적용될 수도 있습니다. 그러나 수단이 강대強大한 물리적 힘이 된 현대에는 이 물리적인 힘이 가능하게 하는 물리적인 것밖에는 목적으로서 생겨날 수 없다는 한계가 있습니다.

또한 아리스토텔레스가 보여준 바와 같은 고전 형식에서는 개인이 결단決斷하지만, 내가 제시한 현대적 형식은 어떤 위원회나 정부나 군대나 회사가 결단합니다. 즉 결단의 주체는 단체입니다. 정치 활동에서도 또 기업 활동에서도 실제적인 주체는 일종의 언내 책임을 시는 위원회 따위입니다.

그런 집단들도 행위와 행동을 하는 이상, 이 경우 도덕적 책임은 어디에 있는지를 좀 더 분명히 생각해 볼 필요가 있

---

5. Paul Ricoeur (1913-2005)- 현대의 가장 저명한 철학자 중의 한 사람. 문학에 대해서도 깊은 통찰력을 보여주었다.

습니다. 이것은 윤리적 주체의 복수화가 가져온 전혀 새로운 문제입니다. 다시 말해서 종래에는 윤리나 도덕은 개인의 내면적 문제에 한정되어 있었는데, 오늘날에는 개인을 무시하는 것은 아니면서도 단체의 윤리나 도덕이라는 것을 생각하지 않으면 안 될 것입니다.

즉, 개인 윤리의 테두리에서 위원회의 윤리를 처리하고 있는 현재에는 가령 위원회가 결정한 일이 실패로 돌아갔을 때 위원장이나 위원 전원이 사임함으로써 마치 책임이 해소된 것 같은 형식을 취하고 있습니다. 한데 이것은 법적으로는 책임을 진 것이 되지만 도덕적 책임을 진 것이라고는 말할 수 없습니다. 책임을 진다는 것은 그 사람 개인이 도덕적이면 도덕적인 아픔을 느낀다는 것뿐입니다. 그러니까 윤리적 내지는 도덕적 책임을 실제로 진다는 것은 논리 구조의 역전에는 고려의 대상이 되지 않는다는 점을 인식해 두어야 할 것입니다.

이렇게 생각하면 우리는 현실적으로 엄청난 문제에 직면한 시대에 살고 있다는 것을 알 수 있습니다. 더구나 일격에 한 도시를 파멸시킨 1945년 당시의 원자폭탄보다도 한결 강력한 파괴적 효능이 예상되는 세상입니다. 그렇다면 이런 강력한 수단 P가 있고, 그 P가 실현할 수 있는 몇 가지 사태

중에서 목적을 골라야 할 때, 우리가 과연 어느 정도 도덕적
으로 생각하고 있느냐는 점을 반성하지 않으면 안 됩니다.
수단의 선택 아닌 목적의 선택 역시 행위임에는 틀림없는 이
상, 아무래도 인간으로서 도덕적인 면을 생각하지 않으면
안 될 것입니다.

　모든 사람이 이런 일을 의식하게 되면, '충성'이 작은 영
지의 제후諸侯에 대한 충성으로부터 한 나라에 대한 충성으
로 확대되고, 또 오늘날의 젊은 사람들 사이에서는 그것이
국제적으로 더욱 확대되어 가고 있는 것처럼, 어떤 힘에 내
재하는 목적을 찾을 때도 무엇이 유리하냐가 아니라 무엇이
좋으냐는 것을 생각해야 할 것입니다.

　지금까지 말한 실천적 삼단 논법을 도시圖示하면 다음과
같이 됩니다.

	Aristoteles (고전적 형식)	Imamichi (현대적 형식)
대전제	(목적 정립) A가 내게 바람직하다.	(수단 확인) P가 우리에게 있다.
소전제	(수단 선택) (1) p, q, r, s, t...는 소망된 A를 가능하게 할 것이다. (2) 열거된 것 중 가장 쉽고 아름다운 것은 무엇인가?	(목적 선택) (1) p, q, r, s, t...는 소망된 A를 가능하게 할 것이다. (2) 열거된 것 중 가장 쉽고 아름다운 것은 무엇인가?
결 론	(행　　위) p → A	(행　　위) P → a

4. 새로운 형태의 기술적 추상

과학기술에 의해서 생긴 거대한 힘이 자명한 수단으로서 우리 수중에 여러 가지 형태로 존재한다는 사실, 그리고 그것이 기정旣定의 것이라는 사실로부터 많은 성과가 나왔습니다. 그 중의 하나는 무엇보다도 시간과 노력勞力이 생략되어 간다는 것입니다.

알기 쉬운 예로, 리프트나 엘리베이터가 있습니다. 단추를 누르기만 하면, 걷지도 않고 또 무거운 짐을 가지고서도 아무런 피로를 느끼지도 않고 48층까지 1분 정도에 올라가 버립니다.

무거운 책을 여러 권 끼고 48층까지 걸어 올라간다면 어떻게 될까요? 60세를 넘은 나로서는 거의 불가능한 일입니다. 그러니까 현대 문명은 과학 기술의 덕분으로 희한한 성과를 가져온 것입니다. 그것은 결국 경과, 즉 프로세스를 되도록 줄이고 큰 결과를 획득하려는 것입니다. 나는 이것을 기술적 추상抽象이라고 부르기로 하겠습니다.

이것은 논리적 추상의 한 새로운 형태라고 생각되지만 자칫 혼란을 초래할 우려가 있어서 기술적 추상이라고 불러두려는 합니다. 종래의 추상은 개개 존재자의 특수한 표상表象

을 사상捨象하고(즉, 의식에서 걷어 없애고), 공통의 성격만을 추상하여(즉, 끌어내어) 관념을 형성하는 정신적 조작操作을 의미했습니다.

한편 기술적 추상은 경과를 사상하고 결과를 추상한다고 말해도 좋을 것입니다. 그것이 편리하고 환영할 만한 점은 일일이 열거할 수 없을 만큼 많습니다.

그것이 윤리적인 면에서 가져온 중요한 결과의 하나는 육체적으로 부자유한 사람들에게 핸디캡을 감소시켜 주었다는 것입니다. 산에 올라갈 수 없었던 사람들도 로프웨이가 있으면 이삼십 분 만에 정상으로부터의 조망을 즐길 수 있습니다. 그러나 다른 한편으로는 걸어서 등산하는 풍습이 많이 없어지고 그 과정에서 부지중에 길러지는 상호 부조의 우정, 인내심, 내핍, 용기와 같은 덕을 위한 훈련이 이루어질 수 없는 경향이 생긴 것은 부정할 수 없는 사실입니다.

그러나 이러한 노동력 절감은 종래의 가정 내의 노동 조건을 일변시켰습니다. 가정의 전화電化에 의한 취사, 세탁, 청소 따위의 노동력 절감은 여성의 사회 진출을 쉽게 했습니다. 이와 아울러 직장의 기계화는 군대나 경찰처럼 종래에는 체력이 월등한 남성만이 근무했던 직장에 여성도 진출하게 되고 남녀 동권이라는 것을 실감하게 해 주었습니다.

이런 점에서 기술적 추상은 윤리적으로 매우 재미있는 변화를 초래했는데, 사고방식을 변화시켰다는 점으로 보아도 논리적으로 새로운 것이라고 말해서 좋을 것입니다.

특히 중요한 것이 있습니다. 이 기술적 추상은 경과, 즉 시간성을 사상하는데, 도시 인간 실존의 본질로서의 의식은 공간성이 아니라 시간성입니다. 따라서 기술적 추상이 시간성을 압축한다는 것은 인간의 본질을 허무한 방향으로 압축하는 것이 됩니다. 이것은 결코 그대로 간과할 수 없는 일입니다. 현실적으로 기술사회에 적응하면서 살아간다는 것은 비인간화의 길을 따르며 물질에 의해서 소외되는 것인데 그런 경향은 벌써 있었습니다.

따라서 윤리의 복권을 위해서는 이 프로세스로서의 시간성을 자유롭게 복원시켜야 합니다. 예술에 의한 미적 체험은 이러한 시간성을 상실해서는 의미가 없으므로 그 복원에 도움이 될 것이며, 이런 점에서 윤리에 미학이 참가하는 것은 소중할 것입니다.

5. 과학기술과 인간의 자기규정^{自己規正}

과학기술(테크놀로지)이 인간의 생활을 여러 가지로 편리하게 함으로써 인간을 실생활 면에서 행복하게 해준다는 점에서, 사회도덕의 선^善을 실현하고 있다는 것은 하나의 커다란 공헌임을 누구도 부인하지 못할 것입니다.

그러나 다른 한편으로 사회도덕의 시간적 규모를 확대하여 역사 도덕 내지는 미래 도덕을 생각해 봅시다. 지금과 같은 형태로 과학기술이 자기 전개를 해나가면 가령 쓰레기의 처리는 어떻게 될까요? 또 원자력 이용에 따라는 어쩔 수 없는 사고는 없을까요? 예컨대 원자로의 벽은 이 세상의 사물인 이상 조금씩 부식해 가니까 세심하게 보전^{保全}하도록 아무리 노력해도 언제 어디에서 탈이 일어날지도 모릅니다. 이러한 점들을 생각하고 백 년 후의 인류를 염두에 둘 때 우리는 이대로 해나가서 좋으냐는 의심이 생기지 않을 수 없습니다.

또한 사회도덕의 공간적 규모를 확대하여 우주 도덕을 생각해봅시다. 미래 도덕에 포함된다기보다도 차라리 현재의 문제라고 할 수 있는 대기^{大氣} 도덕을 생각해 봅시다. 가령 과학 기술적인 기기^{機器}의 기능을 위해서, 또 인간 생활의 편리를 위해서 프레온 가스를 계속 사용한다면, 오존층이 파괴되어 지구의 생체계生體系를 해치게 되고 인간도 피부암 등으로 무참히 죽어갈 것이라고 합니다. 그 외로도 여러 가지의 대기 공해 때문에 산성비가 생겨서 상록수 삼림이 죽어가고 있다는 것, 그리고 결국 공해에 인한 지구 온난화 때문에 지구 조건이 격변하고 있다는 것을 생각해 보십시오. 그러니까 과학기술의 자기규정이 없는 한에는 인류가 자연 전체 사멸의 초래를 촉진하고 있다고밖에는 말할 수 없습니다.

따라서 과학기술의 자기규정이 인류의 잔존殘存을 위해서 필요하게 되고, 우리는 역사 도덕이나 우주 도덕으로서 우선 그 점을 생각해 보아야 할 것입니다. 그렇다고 해서 윤리학이 인간의 잔존을 위한 사회공학社會工學으로 생각된다면 큰 문제입니다. 만일 그렇게 된다면 윤리학처럼 선이나 미의 가치를 구하려는 학문조차도 현실적 효과만을 위한 기술로 변질할 정도로 과학기술적인 사고방식에 지배되는 꼴이 됩니다. 다만 살아남는 것이 아니라 인간이 지녀야할 품위를 지키면서 살아남는 것, 즉 훌륭하게 산다는 것이 아무래도 필요한 것입니다.

그럼으로 과학기술의 자기규정도 과학기술의 입장에서뿐만 아니라 인간의 자기규정으로서 고려되어야 한다는 것을 깨닫지 않으면 안 됩니다. 다시 말해서 그것은 과학기술의 피드백feedback과 같은 자기규정이 아니라 인간의 자기규정이어야 합니다.

그러므로 이 목적을 위해서는 과학기술 분야의 사람들이나 정치가 또는 경제학자만이 아니라, 윤리학 그 자체를 공부하는 사람들이 많이 참가하여 여러 가지로 서로 생각해 나가는 기회가 필요한 것입니다.

과학기술이란 테크놀로지의 뜻인데 호칭呼稱을 간단히 하기 위해서 앞에서처럼 그냥 기술이라고 부르기로 하겠습니다.

기술은 도구로서의 성격을 그대로 간직한 채 기계가 되고 환경이 되어 있습니다. 그러나 그것은 또한 앞서 이야기한 것처럼 의식 혁명을 빚어냈고, 이제는 환경으로서의 성격을 간직한 채 인간의 내부로 스며들려고 하고 있습니다. 그것은 이미 기본적인 사고방식으로서의 논리를 다섯 가지의 계기契機에시 변용시기고, 행위의 삼단 논법에서 역전을 기저오고, 이제는 인간의 자기규정을 기술의 자기규정으로서 제시하기까지에 이르렀습니다.

이러한 기술의 진보는 결국 기술이 외부적인 것으로부터 점차 인간의 환경이 되고 인간의 자리에 들어앉고 인간의 내부로 스며든 점에 있다고 말할 수 있지 않을까요? 기술과 인간의 내적 조응內的照應이라는 있어서 안 될 단계마저 넘어서서, 이제 기술은 인간의 내부 구조가 되려는 판국입니다. 인간의 의식을 대행하는 고성능의 컴퓨터나 대형 계산기를 생각해 보면 기술이 인간의 내부로 들어서려고 한다는 것을 잘 알 수 있습니다.

그러나 당장에 큰 문제가 되어 있는 것은 의학과 관련된 치료상의 윤리입니다. 과학이 인간 내부로의 침입을 이루고, 가령 남의 장기臟器를 이식하여 치료할 정도로 기술을 발전시켜 온 것은 누구나 알고 있는 일입니다. 그러나 문제는 산적해 있습니다.

칸트가 "인격은 목적이며 어떤 상황에서도 수단으로 삼아서는 안 된다"고 말한 것을 여기에서 상기해 봅시다. 하기야 장기 그 자체는 인격이 아니니까 사용해도 좋을지 모릅니다. 그러나 그 장기의 소유자는 인격이라는 점을 생각해야 합니다.

뇌사腦死를 인정하면 어려운 병에 시달리는 환자를 장기 이식으로 구할 수 있다고들 말하지만, 우선 뇌사 그 자체에도 문제가 있습니다. 뇌사로 인정된 상태로부터의 역행逆行이 있을지도 모르기 때문입니다. 다시 말해서 일시적인 뇌사

상태가 있다 해도, 그것은 진짜 죽음이 아닐 것이라는 의심이 남아도는 것입니다. 또한 비록 뇌사를 죽음이라고 단정할 수 있다 하더라도, 뇌사가 아닌 것을 뇌사라고 거짓되게 판정하는 범죄가 일어날지도 모릅니다. 인간이 무엇인지를 아는 사람은 이런 점도 고려해야 합니다.

이미 현실적으로 발전도상국의 가난한 젊은이로부터 한 쪽 신장을 산다는 이야기가 있습니다. 또 그들을 취직시켜 주겠다고 해서 선진국으로 데려와서는 혈액 검사를 한다고 속여 수면제로 잠재우고, 그 틈에 신장을 빼내서 이식 수술에 사용한 사실도 있습니다. 그뿐 아니라, 병에 걸린 자기의 어린 자식을 구하기 위해서, 새로 임신한 아이를 낙태하지 않고 낳은 다음, 그 아이의 간장을 신생아 때에 도려내서 죽이고 그것을 앓고 있는 첫 아이에게 이식하겠다고 신청한 사람도 있습니다. 이렇듯 장기 이식은 무릇 인간의 세계에 더 큰 악을 불러들일 가능성이 있습니다. 금력과 권력을 가진 자들이 구닝救命이라는 핑계로 어떤 범죄적인 기도를 지행할지도 모릅니다. 그렇다면 생명의 존엄성보다 앞서서 인간의 존엄성을 지켜나갈 생각을 해야 합니다. 나는 살아 있는 한 되도록 남에게 도움이 되려고 애쓰고 있는데, 죽고 나서도 무슨 도움이 되었으면 하고 생각합니다. 그러나 그것이 타인의 이기주의나 악을 조장하는 것이 된다면 삼가는 것이 옳다고 여겨집니다. 1990년 가을에 머리와 토마스[6]라는 장기이식의 선구자가 노벨상을 탔으니까, 그 방면의 연구는 진척해 나갈 것입니다.

그렇지만 만일 끝끝내 인간의 병을 고치는 것이 목적이라면, 남의 부품을 남에게서 빼앗는 것이 아니라 인공장기로 고쳐갈 수 있게 하려면 생명과학, 의학, 생명공학의 경합에 의한 그 개발을 향해서 나가야 한다는 것이 나의 생각입니다. 그것이 남의 생명을 빼앗지 않으면서 스스로 살아가고 또 남을 살려가는 길이기 때문입니다. 이러한 것은 에코에티카가 의학에 대해서 할 수 있는 권고인 동시에 인간성이 인간의 능력에 대해서 고하는 명령이라고 말해도 좋을 것입니다.

오늘날에는 오직 연명延命을 위한 궁리만이 현실이 되고 생명의 의미를 묻지 않게 되었습니다. 그 점에서 우리 철학자나 윤리학자가 져야 할 책임이 크지만, 사람들이 그것을 잊게 된 것은 슬픈 일입니다.

---

6. Joseph Edward Murray (1919–   ), Edward Donnall Thomas (1920–   )– 두 사람 모두 미국의 의학자. "인간의 질병치료를 위하여 장기이식 및 세포이식에 관한 발견을 했다"는 공으로 수상.

6. 불의 뮤토스(신화) 그리고 원자력

다음으로 내가 언급하려는 것은 원자력과 윤리에 상관된 문제입니다. 나처럼 원자력에 대해서 별다른 지식이 없는 보통의 사람이 원자력을 다루는 사람들에 대해서 어떤 생각을 가졌는지 이야기해 보려는 것입니다.

아무리 문외한이라도 오늘날 전기의 사용에서, 원자력이 일본의 발전량의 30퍼센트 가까이 차지한다는 것을 알고 있고, 21세기에는 50 내지 60퍼센트가 되리라는 예측 통계도 듣고 있을 터입니다. 그러니 원자력은 일상적 에너지로서 절대로 필요하며 또 그것을 이용하지 않을 수 없다는 것도 알고 있습니다. 한데 이런 이야기와는 별로 관련이 없는 것 같지만, 여기에서 불의 뮤토스에 대해서 잠시 생각해 보려고 합니다. 다시 말해서 불의 신화에 관한 이야기입니다.

불이 인류에게 주어졌을 때는 언제나 비극이 있었다는 것을 잊어서는 안 됩니다. 선난戰亂이 석고 병화로웠던 에도江戸 시대에서는 지진 벼락 화재 그리고 아버지가 무서운 것이 대표로 열거되었습니다. 아버지가 무서운 것은 불길처럼 화를 내기 때문입니다. 아무튼 무서운 것은 모두 불과 관계가 있습니다. 불은 무서운 것의 근원입니다. 한데 그 무서운 불이 생길 때는 어떤 일이 있었을까요?

그리스 신화를 보면 인간의 미래를 보살펴 주는 신 프로메테우스가 인간을 위해서 으뜸 신인 제우스의 궁전으로부터 불을 훔쳐내서 주었습니다. 그 덕분에 인간의 문화가 크게 발전했지만, 프로메테우스 자신은 엄한 벌을 받았습니다. 산 위에 벌거숭이로 방치되고 산 채로 간을 새에게 뜯어먹힌다는 중벌을 받은 것입니다. 이것은 영웅신의 비극입니다. 불의 악용으로 말미암아 인간의 재해 역시 극심해졌기 때문입니다.

일본의 신화에서는 불이 생겼을 때 어떤 일이 있었을까요? 이자나기와 이자나미[7]가 동침同寢을 해서 여러 신을 낳는데, 가구쓰치迦具土라는 불의 신을 낳았을 때 이자나미는 음부에 화상을 입어 그것이 원인이 되어 죽습니다. 다시 말해서 그 두 신은 불의 신도 다른 자연신自然神과 마찬가지로 아무런 경계를 하지 않고 낳음으로써 여신의 화상사火傷死를 자초한 것입니다. 불은 동물에 대해서 인간의 상징이었습니다. 그 불이 생길 때는 언제나 불을 가져온 자가 벌을 받거나 죽은 것입니다.

---

7. 이자나기는 남신이며 이자나미는 여신. 하늘의 명령을 받아 일본 국토를 통괄하고 많은 신을 낳아 삼라만상을 각각 다스리게 했다는 신화의 주인공들.

원자력도 엄청난 전기의 근원이 되는 에너지이지만 또한 엄청난 불이기도 합니다. 만일 그런 불을 다루는 사람이 옛날과 같은 도덕적 사고에만 머물러 있다면 벌을 받게 된다는 것을 잊어서는 안 됩니다. 프로메테우스도 해묵은 사고방식에만 매달려서 인간에게 그냥 불을 주기만 했을 따름입니다. 불을 얻게 될 인간은 새로운 도덕이나 새로운 생활 방식을 미리 구상해야 했을 텐데, 미처 그러기도 전에 그토록 서둘러서 인간에게 불을 준 자가 있으니 그에게 벌을 내리자고 신이 결정한 것입니다. 불의 신 가구쓰치의 경우도 마찬가지입니다.

　따라서 우리가 아주 새로운 사고방식을 갖지 않는다면 원자력의 사용을 그만두어야 한다고 생각합니다. 그렇다면 아주 새로운 사고방식이란 무엇일까요? 무슨 기업을 할 때 우선 이득이나 이익을 생각한다는 것은 새로운 생각이 아니라 몇천 년 전부터 있는 묵은 생각입니다. 또 이러이러한 힘으로 제 나라를 시키고 적을 공격하자는 것도 수천 년 전부터 있는 사고방식입니다. 오직 그러한 생각들을 버릴 수 있을 때에만 인간은 원자력을 사용해도 좋다고 여겨지는 것입니다.

　다시 말해서 인간이 과거보다도 한결 도덕적이 되지 못하면 원자력은 사용되어서 안 된다고 생각합니다. 나는 원자력 그 자체에 대해서는 아는 것이 없습니다. 그러나 기술자들은 사뭇 자랑스럽게 이러이러한 장치라면 절대로 안전하다고 장담하는데, 그것은 인간으로서의 분수를 모르는 소리입니다. 장치가 망가질 때는 어떻게 하는 것이 좋을지 이중 삼중으로 생각해 보지 않으면 안 됩니다. 재해학災害學과 재해 처리학이 더욱 완전히 연구되고 충분히 정비되지 않는다면 이 무서운 불은 사용되지 말아야 합니다.

더구나 원자력을 다루는 대부분의 사람은 윤리학을 한 번도 공부해 본 일이 없을 것입니다. 과연 그래서 되겠습니까? 늦어도 좋으니 그런 공부가 필요합니다. 그것은 단순한 이론에 불과할지도 모릅니다. 그러나 윤리학을 배우지 않고, 새로운 도덕을 모색하지 않고, 심지어 옛 도덕조차 배우지 않고, 오직 상식이나 법규나 공학적 지식이나 기업 전략의 차원에서만 과학기술의 힘을 다루어서 좋겠습니까? 일본정부는 왜 철학이나 윤리학을 고등교육에서도 경시하고 있는 것일까요?

윤리학이라는 지식은 윤리에 대한 정열을 가진 학자들이 만든 책들 속에 간직되어 있습니다. 그러한 책을 한 권도 읽지 않고 원자력을 다루는 일을 해도 되겠습니까? 원자력 관계의 분야에서 성실하게 일하는 사람들이 이런 말을 듣고는

화를 내도 좋고, 또 "당신의 이야기는 아무런 소용도 없다" 고 말해도 좋습니다. 무슨 말을 들어도 나는 내 주장을 계속 하겠습니다. 윤리학의 책을 단 한 권이라도 정성껏 읽어달 라고 겸허하게 아주 겸허하게 말하겠습니다. 나의 이 책은 하찮은 것일지도 모르지만, 여기에는 윤리학의 전통이라는 선인先人들의 철학적 소위所爲와 미래를 위한 에코에티카라는 나의 열성을 다한 철학적 사색이 담겨 있는 것입니다. 그것 을 깊이 살펴 주기를 바랍니다.

분명히 나는 원자력에 관해서는 연구 면에서도 또 기업 면에서도 무식합니다. 그러나 일본의 원자력 기본법 제2조 를 보면 원자력의 세 원칙으로서 '민주적인 운영'과 '자주적 인 결정'과 '공개'라는 것이 나와 있는데, 그것은 잘못된 것 이 아닐까 하는 생각이 듭니다.

그 점에서 가장 중요한 것은 '안전한 관리'와 '평화적 이 용'이 아닐까요? 원자력은 절대적으로 평화 산업에만 이용 된다는 조건에서 빋아들여져야 힙니디. 이와 아울러 중요한 것은 '안전의 보장'입니다. 원자력 이용은 이 두 가지 원칙 으로 충분하다고 생각합니다. 민주적이건 아니건, 자주적이 건 아니건, 또 공개하건 안 하건, 그런 것은 운영방식의 문제 이며 기본 원칙이 될 수 있는 성질의 것이 아닙니다. 무엇보다도 중요한 것은 '평화적 이용에 한한다'는 것과 '안전을 기한다'는 것, 이 두 가지 윤리적 요청입니다. 되풀이하지만 이 두 가지는 새로운 시대의 도덕적 문제이며, 에코에티카 의 연구와 관련된다는 것을 호소하고 싶은 것입니다.

이런 일에 관해서는 이론적으로 할 이야기가 많습니다. 이하 제한된 조건에서 중요한 주제를 서둘러 몇 마디 보충해 두려고 합니다.

원자력의 분야에서 정성껏 연구하고 일하는 분들에게는 냉혹한 말이 될지도 모르지만, 원자력과 관련된 시설의 사 고는 속출하고 있습니다. 가동성稼動性이나 시설의 수효에 비 해 보면 극히 작은 사고에 불과하다고 관계자들은 말하지 만, 큰 사고의 가능성은 언제나 존재하고, 또한 작은 사고라 해도 영속적인 치명성을 주위에 미치게 될 수도 있습니다. 더구나 그 대부분은 천재天災가 아니라 '인재'와 '물재物災'입 니다. 인간이 과실을 저지르는 존재라는 것, 불완전하며 자 기 변호적自己辯護的인 존재라는 것을 망각하고, 불충분한 태세 로 이익까지 얻으려 하는 것은 도리에 어긋나는 일입니다.

무릇 이 세상에 존재하는 것은 멸망하게 마련입니다. 어 떠한 벽도 영구불멸일 수는 없는 법인데, 그렇게 생각하게 하려는 것은 도리가 아닙니다. 원자로의 사고는 세대를 넘어서서 근방의 많은 사람에게 병해를 주는 것입니다.

따라서 현재의 물리적, 공학적, 기술적 단계에서는 원자력 산업은 원칙적으로 기업으로서의 자격이 없으며, 그것은 영리성을 떠나서 안전을 기하려는 국제적인 국가 연맹체나 교회 연합체가 담당해야 할 과업의 단계에 있다고 생각됩니다. 그러나 경쟁 원리로서 영리를 내세우는 재래의 기업이 여기에 손을 대고 있습니다. 그래서 온 세계에 걸쳐서 새로운 위험한 뮤토스를 내포하고 있는 '현대의 불'이 지구 전체에 걸친 규모에서 에너지원으로서 상품화되고 있습니다. 이러한 현상現狀은 아무리 빨리 손을 써보아도 다시 원래대로 돌이켜 놓을 수 없는 형편입니다.

그렇다면 원자력에 관계하는 연구자도 기업가도 노동자도 도덕적 의식 혁명을 자신의 과제로 생각해서 재래의 기업과는 다른 이데올로기를, 재래의 기업 정신과는 다른 이념을 철학자와의 대화를 통해서 찾아 나가야 할 것입니다. 이익 추구만이 아니라 방대한 기부를 하는 기업 윤리도 분명히 있었습니다. 그렇다면 안전성 연구나 새로운 윤리 연구를 위한 대규모의 연구소가 왜 생길 수가 없겠습니까? 내가 보기에는 원자력을 다루는 사람들은 자기가 시대를 걸머진다는 자부심이 있고 그 자부심이 지나쳐서 자기중심적으로 되어 있는 것 같습니다. 이러한 말은 또한 생명 공학이나 의학에 종사하는 사람들도 해당합니다.

그분들이 내게 화를 내도 좋습니다. 그러나 서로 솔직 담백하게 털어놓고 이야기하지 않으면 안 됩니다. 인간의 운명에 대해서 자기를 중심으로 3세대 정도를 내다보고 생각하면 되었던 시대는 지나갔습니다. 우리는 이제 인간이 운명을 수백 년, 수천 년 앞까지 내다보면서 그 잔존殘存의 가능성을 진정으로 생각해야 만할 시대에 처해 있습니다. 원자력이라는 이름의 불이 자연과 과학기술을 잇는 유일한 에너지라고 생각하여, 오직 그것에만 모든 것을 건다는 것은 경솔한 짓입니다.

또한, 비록 그런 수단밖에는 없다고 해도, 그 수단이 갖는 목적 가능성目的可能性은 기껏해야 '전기를 산출하는 것', 즉 '이 세상의 일의 동력을 생산하는 것' 뿐이며, 나쁘게 말하자면 '이 세상 사물의 파괴', '이 세상 생명의 강탈'에만 유용할 따름입니다. 그렇다면 더 숭고한 목적을 위해서 이 과격한 힘을 쓸 길은 무엇인지를 생각해 보아야 합니다. 인류의 금욕禁慾이 불가능하다 하더라도 인류의 자의성恣意性이 무조건 허용될 수 있는 그러한 힘의 논리는 버리지 않으면 안 됩니다. 자기 자신으로 되돌아가려는 전회轉回의 여수旅愁를 느끼는 인간, 힘을 갖추고 있는 만큼 더욱더 깊이 생각하려는 사색의 윤리를 동경하는 인간이 되지 않으면 안 됩니다.

나는 원자력에는 문외한이지만 위에서 언급한 바와 같은 불의 뮤토스를 그야말로 불과 같은 심정으로 말씀드렸습니다. 그리고 여기에서 원자력 산업에 관해서 말한 것은 또한 과학기술 전반에 대해서도 해당한다고 생각합니다. 과학기술은 자연을 이용하고 인간을 도와온 동시에, 자연을 무섭게 만들고 인간을 무사고無思考로 전락시키고 말았습니다.

우리는 아무래도 자연에 대한 인간의 태도를 생각해 보아야 할 단계에 이른 것입니다.

제 5 장

인간과 자연

1. 원시 자연 속에서의 인간의 위치

인간은 자연 속에서 살고 있으므로 '인간과 자연'이라는 말을 들으면, 그것은 생명으로서의 인간과 주위 세계의 문제, 인간과 환경의 문제라고 생각될 것입니다. 그런 면에서 생각하는 것도 매우 중요한 일입니다. 인간과 자연의 문제를 인간과 그 환경의 문제로 환원해서 생각해 보는 것도 분명히 가능한 일입니다.

바로 그런 점에서 깊은 인상을 받은 일들이 있는데 그중 한 가지만 소개하고 그것을 이야기의 실마리로 삼으려 합니다.

요새는 도쿠토미 로카[1]의 작품을 읽는 사람이 별로 없지만, '로카 공원公園' 등으로 그의 이름이 남아 있습니다. 전쟁 중에 맹활약했던 도쿠토미 이이치로[2]의 아우입니다. 본명은 도쿠토미 겐지로健次郎라고 하는데, 형과는 달라서 삼라만상森羅萬象을 깊이 느낄 줄 아는 작가였습니다. 그가 쓴 것으로 1900년 8월 15일에 초판이 나온 『자연과 인생』이라는 책이 있습니다. 이것은 분명히 자연을 하나의 환경으로 보고 있는 책입니다.

오늘날 읽어 보면 그중에는 어떤 감회를 불러일으키고야 마는 문장들이 있는데 그 중 한 토막만 소개하겠습니다.

그것은 「전가田家의 연기」라는 제목의 짧은 글입니다. 최초의 문장은 이렇습니다.

나는 연기를 사랑하도다. 전가의 연기를 사랑하도다. 드높이 자리 잡은 원촌근락遠村近落의 연기가 서로 부르고 서로

---

1. 德富蘆花 (1868-1927)- 소설가 및 수필가. 로카(蘆花)는 아호.
2. 德富猪一郎 (1863-1957)- 일반적으로 도쿠토미 소호(蘇峰)라는 아호로 알려졌다. 국가주의를 적극 내세운 저널리스트.

응답하고 유유히 하늘로 오르는 모습을 볼 때면 사뭇 마음이
즐겁도다.

　메이지 시대의 문장이니까, 낭랑朗朗하게 읊을 만한 어투
로 연기에 관해서 쓰고 있습니다. 그러나 오늘날에는 담배
연기가 아닌 다음에야 "나는 연기를 사랑한다"고 말할 사람
은 거의 없을 것입니다. 연기는 오늘날 공해의 한 가지로 여
겨지고 있으니까, 완상玩賞할 풍경으로서의 연기는 이미 옛
날이야기일 것입니다. 작가가 말한 것은 아마도 저녁밥을
짓거나 무슨 음식을 만들 때에 피어오르는 연기로 짐작됩니
다. 초가지붕이 늘어선 곳에서 연푸른 연기가 피어올랐을
것입니다. 황혼이 살그머니 내려앉을 때 언덕 위에서 그런
연기를 바라보면, 자못 평화롭고 고요한 인생의 모습을 연
상시키는 전망이었으리라 느껴집니다.
　우리가 이런 생각을 하면서 자연을 환경으로 보고 '인간
과 자연'을 논하려고 할 때, 시대의 흐름이 얼마나 큰 변화
를 우리 주위에 가져왔는가를 절실히 느끼지 않을 수 없습니
다. 오늘날 그 누가 "나는 연기를 사랑하도다"라는 말로 글
을 쓰기 시작하고 눈앞에 피어오르는 연기를 감상하는 일이
있겠습니까? 현실적으로 비행기를 타고 일본에 가까이 오거

나 혹은 신칸센新幹線으로 후지산富士山 근처를 달려 보십시오. 그러면 다름 아닌 연기가 일본의 공업을 융성시키는 생산의 징표가 될망정, 풍경을 해치고 공기를 더럽히고 있는 것을 보고는, 과연 이래서 좋을까 하는 생각을 의학에 무식한 우리도 품지 않을 수 없게 됩니다. 다시 말해서 연기라는 주제主題는 이제 에코에티카의 문제 상황으로 편입될 성질의 것이 되었습니다.

그런 점에서 '인간과 자연' 이라는 문제를 두쿠토미 로카가 생각했듯이 우선 '환경으로서의 자연' 이라는 각도에서 취하고, 그 속에서의 인간의 지위를 고찰해 보기로 합시다. 그러나 이 경우에도 옛 시대의 생각과 오늘날의 생각은 그 출발점부터 다르리라는 것을 미리 인식해 두어야 할 것입니다. 메이지明治 시대나 다이쇼大正 시대는 물론이지만 쇼와昭和 시대[3]의 초기, 즉 1930년경까지만 해도 양洋의 동서를 불문하고 인간의 생활은 상당한 정도로 자연과 융화되어 있었다는 면이 있었습니다.

인간과 자연의 관계는 유사 이래 자연에 대한 인간의 우위를 주장하는 형식으로 전개되어 온 것은 분명합니다. 그

---

3. 일본 근대의 연호는 천황의 재위기간에 따라 메이지(1868-1912), 다이쇼(1912-1926), 쇼와 (1926-1989), 그리고 오늘날의 헤이세이(平成)(1989-   )로 이어져 나왔다.

럼에도 인간은 자연 속에서 자연과 조화를 이루면서 살아 왔
다고 말하지 않을 수 없습니다. 그것은 목조가옥이나 초가
집과 콘크리트 건물과의 차이가 상징하고 있는 바입니다.

원시인은 차치하고 인간은 유사 이래 자연을 이용하며,
자연 속에서 자기 자신이 중심인 것처럼 생각하면서 살아왔
다고 말할 수 있습니다. 그러니까 '인간과 자연'이라는 주제
를 '인간과 자연적 환경'이라는 식으로 생각할 때, 인간은
자연적인 것의 중심에 있는 꼴이 됩니다. 더구나 이것을 입
체화시켜서 생각하면, 인간은 중심에 있으면서 자연을 지배
하고 자연 속에서 왕자와 같은 위치를 차지해 왔다고 말해도
좋겠습니다. 사실 인간만큼 자연 속에서 자연을 정복하고
자연을 이용하면서 악착같이 살아온 생물은 달리 없을 것입
니다.

따라서 인간은 어떤 의미에서는 환경으로서의 자연을 억
누르고 있습니다. 혹은 자연으로부터 그 무엇을 흡수하면서
그것을 이용해 왔습니다. 그러나 두쿠토미 로카의 글에서
분명히 알 수 있는 것처럼 인간과 자연은 어느 정도 서로 조
화를 이루면서 살아온 바가 있었습니다.

그것은 이런 이야기가 됩니다. 언덕에서 바라보니 연기가
나옵니다. 그 연기는 분명히 장작이나 숯처럼 인간이 자연

에서 찾아내고 취득한 재료를 사용하여 불을 일으키고, 또 자연에서 얻은 쌀이나 보리를 자연의 물을 써서 삶는 데서 생기는 것입니다. 냄비도 결국 자연에서 얻은 것으로 만든 것입니다. 하기야 그 당시에도 벌써 알루미늄이 있기는 했겠지만, 시골에서는 아직도 질그릇을 썼을 것입니다.

그러나 거기에서 나오는 연기는 자연의 풍경을 도와주는 것이었다고 생각해 볼 수 있습니다. 아무리 거기에 인간의 기술이 관여했다 해도 인간은 자연과 어떤 의미에서 일체감을 가지고 있었습니다. 그리고 또 한 가지 중요한 것은 인간은 자연 속에서 우위를 차지하고 있다는 점에 대한 자각을 하고 있었다는 사실입니다. 그러나 인간의 지위가 옛날에는 어떠한 것이었는지 생각해 볼 필요가 있습니다.

신화를 읽으면, 가령 『고지키古事記』나 『니혼쇼키日本書紀』[4]에 나오는 일본의 신화를 상기해 보면, 신들은 대개 인간과 같은 모습으로 표상되어 있다는 것을 알 수 있게 됩니다. 이자나기와 이자나미라는 신들의 싱교性交 징면도 미치 사람들이 그 때 서로 이야기하듯이 기술되어 있습니다.

또한 희랍의 페이디아스Pheidias나 프락시텔레스Praxiteles와

---

4. 日本書紀- 일본의 가장 오래된 역사책으로 알려졌다 (720년).

같은 조각가들이 만든 신들의 상, 혹은 아테나_{Athena} 여신의 상을 보면 인간의 모습으로 새겨져 있습니다. 그러니까 인간은 신을 상상할 때도 자신을 표준으로 삼고 있는 것인데, 그것이 당연하다고 생각했을지도 모릅니다.

그러나 이상하게도 일본의 신화를 보면 황금색의 솔개가 인간의 승리를 위해서 공헌을 한다든가, 야타노 가라스八咫烏라는 큰 까마귀가 나타나서 진무神武 천황[5]에게 길을 가르쳐 준다는 따위의 이야기가 나옵니다. 길을 가르쳐 주는 것이 사람이 아니라 새라는 점을 잘 생각해 보아야 합니다.

그 이유로서 하늘을 날고 싶었지만 그럴 수가 없었던 옛사람들은 하늘을 그토록 자유롭게 날아다니는 새가 인간보다도 더 훌륭한 존재라고 생각했던 시대가 있었습니다. 한데 그런 신화보다도 더 머나먼 옛날에는 어떠했을까 하고 생각해 볼 필요가 있습니다.

라스코나 알타미라[6]와 같은 곳에는 유사 이전의 인간이 그린 벽화가 있습니다. 벽화라고 해야 동굴에 그린 그림이지만 그런 구석기 시대의 예술 작품을 미술 전집 따위에서

---

5. 일본 최초의 황제로 알려진 신화 상의 인물.
6. Lascaux— 선사시대의 예술이 생생하게 보존된 프랑스의 동굴.
   Altamira— 구석기 시대 최종기의 그림으로 유명한 스페인의 유적지.

본 분들도 있을 것입니다. 부디 그런 그림의 사진을 한번 보시기 바랍니다. 그것은 현존하는 최고最古의 인간의 조형적 작품입니다. 한데 그 속에 인간이 그려놓은 것은 동물뿐입니다. 인간이 자기 자신을 그려놓은 장면은 찾아볼 수가 없습니다.

그것은 도시 어찌 된 일일까요? 그러한 동굴 회화는 라스코에서나 알타미라에서나 동굴 중에서도 햇빛이 들지 않는 곳, 누구의 눈에도 잘 띄지 않는 구석진 곳에 그려져 있습니다.

또 한 가지 특이한 점은 한 그림 위에 여러 그림이 겹쳐서 그려져 있다는 사실입니다. 그것은 동굴 회화가 감상을 위해서 그려진 것이 아니라는 것을 의미합니다. 횃불로 비추어 보았을 것으로 생각할지도 모르지만, 횃불을 그렇게 오랫동안 동굴 속에 지펴둘 수는 없었을 테니, 그토록 어두운 곳에 그려진 그 그림들은 반드시 보기 위한 것은 아니었음이 분명합니다.

1962년에 독일의 뮌헨 박물관은 알타미라를 노소模造해 놓았습니다. 그것을 보아도 같은 동물들이 몇 마리씩 겹쳐서 그려져 있고 인간의 모습은 보이지 않습니다. 그 이외로도 무슨 다른 특별한 점이 없나 하고 자세히 보면, 동물을 그린 곳에 여러 상처가 나 있습니다. 그것은 또 무슨 이유일까요?

많은 학자가 여러 가지 추측들을 하고 있는데, 기디온 Giedion[7]이라는 학자의 설을 소개해 보죠. 그는 건축에 관한 일도 했던 사람인데, 지금으로서는 그 그림들을 주술呪術로 보는 그의 설이 가장 유력합니다. 그에 의하면 그 그림들은 수렵을 위해서 그려졌다는 것입니다. 내일 사냥으로 나서려고 할 때 사냥의 대상이 되는 짐승, 가령 들소나 사슴의 그림을 그리고 그것에 화살촉이나 창으로 미리 상처를 내놓았다는 말입니다. 그러니까 감상을 위한 것이 아니라, 내일의 사냥이 성공하도록 주문을 외우고 기도를 하면서 그림을 그리고, 진짜 화살을 쏘는 대신에 화살촉으로 상처를 냈던 것입니다. 이것은 일종의 자기 암시입니다. 그렇다면 왜 그렇게 했는지 이유를 생각해 보아야 합니다. 효과적인 도구를 갖지 못했던 당시의 인간은 결코 지상의 왕자라고 자부할 만한 존재가 못되었습니다. 그래서 짐승이 지나가면 많은 사람이 뒤에서 살그머니 다가가서 때려죽일 재주밖에는 없었습니다. 혹은 몰래 쳐놓은 함정에 짐승이 걸려들도록 숨을 죽이고 기회를 노리고 있다가, 짐승이 지나가면 큰소리고 몰아세우는 비겁한 짓밖에는 할 수 없었습니다. 그림은 그것에

---

7. Sigfried Giedion (1888-1968)- 스위스의 미술사가 및 건축 평론가.

대비한 마음의 무기였습니다.

그림을 그릴 수 있게 되었을 무렵의 인간은 지적知的으로 제법 우수했다고 말할 수 있을지도 모릅니다. 그러나 그 단계에 이르기까지의 역사를 생각해 보면, 인간은 야수가 당당한 걸음걸이로 지나갈 때 숨을 죽이면서 그 통과를 엿보고, 혼자 싸울 수가 없어서 떼를 지어 뒤에서 죽이는 수밖에 없었던 존재였습니다. 그 무렵 인간에게 수치심이 있었다면 이런 짓은 창피한 짓이라고 느끼지 않을 수 없었을 것입니다. 한데 인간이 그러한 수치를 아는 존재였으리라는 것은 다음의 사실로 알 수 있습니다.

그것은 즉 앞서 지적한 것처럼 그 그림에는 인간의 모습이 나타나지 않는다는 사실입니다. 비록 인간이 그려져 있다 해도 그 인간은 반드시 가면을 쓰고 있고, 그 가면은 새나 짐승의 모습이었습니다. 따라서 인간의 수족이나 몸통은 유사有史 이전이 동굴 회화에서도 볼 수 있지만, 그 얼굴은 볼 수 없습니다. 얼굴은 사존심이나 수치심과 관련되어 있었기 때문입니다.

인간은 자신의 얼굴을 어디엔가 남겨놓을 가치도 못 느낄 정도로 비굴했던 것입니다. 혹은 그런 짓을 창피하게 여겨서 감히 얼굴을 나타내지 못했던 것입니다. 그래서 시대를 거슬러 올라가 볼수록 신들은 인간의 모습을 하고 있지 않습니다. 옛 신들은 모두 짐승의 모습이었다는 사실을 알아두시기 바랍니다.

이렇듯 동굴 회화의 가면이 모두 새나 짐승이었던 것과 마찬가지로, 원시 시대에는 새와 짐승이 바로 신이었습니다. 여기에는 동서양의 차이가 없습니다. 이집트의 조각을 보아도 알 수 있는 것처럼 몸통은 사람이지만 얼굴만은 사자이거나 새의 모양을 한 신도 있습니다. 중국에서도 하늘에 가장 가까운 존재로서는 용龍이 그려져 있습니다. 아마도 커다란 괴수怪獸에 대한 아득한 옛날의 외경畏敬과 공포가 전해져 내려와서 용으로 표상된 것일지도 모릅니다. 일본의 옛 신화를 보아도 인신 공희人身供犧을 요구한 야마타노오로지[八岐大蛇]라는 큰 뱀이 인간보다도 더 권위 있는 존재로 생각되었습니다. 동서양을 불문하고 강한 존재는 동물로서 표상되었던 것입니다.

결국, 이것은 인간이 처음부터 자연이라는 환경에 대해서 왕은 아니었다는 것을 의미합니다. 인간은 두려움을 극복하고자, 또 불행을 피하고자 신에 의지하지 않을 수 없었습니다. 신은 보통의 인간이 미칠 수 없는 힘을 가지고 있는 초자연적인 존재였습니다.

한데 초자연적인 존재는 이 자연 속에서 두려움에 떠는 인간을 구해 줄 수 있기 때문에 대단히 강한 것이라야 했습니다. 그래서 이러한 존재를 조형적造形的으로 상징하는 것은 인간의 얼굴이 아니라 새나 짐승의 얼굴이었습니다.

그 이유는 무엇일까요? 인간은 산간山間에서 하늘을 쳐다보고 날고 싶다는 생각을 하지만 날 수가 없습니다. 그때 폭풍우조차 뚫고 날아가는 독수리와 같은 새를 보면 그 새를 부러워합니다. 또한 인간은 강이나 바다를 헤엄쳐 건너려 해도 능히 급류를 거슬러 올라갈 수가 없습니다. 그때 마치 물을 지배하듯 헤엄쳐 사라져 가는 뱀이나 물고기를 보면 그런 동물이 사람의 힘을 넘어선 존재라고 생각한 것은 당연한 일이겠습니다. 이렇듯 외경의 대상이 된 새나 짐승은 단 한 마리가 몇 명 또는 몇십 명의 사람을 죽일 수도 있는 힘의 소유자였던 것입니다.

그렇다면 오늘날에 와서는 축생畜生이라 하여 업신여김을 당하는 그 동물들이 옛사람들에게는 자연을 넘어서는 초자연적인 존재의 상징이었다는 것을 똑바로 인식하지 않으면 안 됩니다. 따라서 인간과 환경으로서의 자연과의 관계를 생각할 때는 이러한 약간의 성찰省察을 통해서 보더라도 우리는 시간의 흐름이 얼마나 큰 것인지를 느끼지 않을 수 없습니다. 일찍이 인간은 자연 속에서 자기 자신을 업신여기는 듯한 존재에 불과했는데, 어느 틈에 차츰차츰 자연 속에서의 자신의 위치를 높여 온 것입니다. 그래서 지금에 와서는 인간이 자연을 지배하고 있고 자연의 왕자王者임을 부정하는 사람은 아무도 없습니다. 바로 여기에서 인간의 신격화나 신의 죽음과 같은 관념이 생깁니다.

따라서 신이 인간의 모습으로 새겨지게 된 것은 역사가 시작한 지 한참 오래된 후의 일임을 인정하지 않을 수 없습니다. 그리고 이렇게 인정된 사실의 중대한 의미를 충분히 생각해 보아야 합니다.

고대에서 인간의 우위優位가 처음으로 뚜렷해진 것은 서양은 그리스 시대일 것입니다. 신화적인 희랍의 서사시를 보면 신들이 인간의 모습을 띠고 나타납니다. 초자연적인 대상은 자연에서 가장 우월한 존재의 모습으로 표상되는 법인데, 자연에서 가장 아름다운 것으로서 과거에는 사자나 수리를 조각했던 반면에 이제는 인간을 새기게 된 것입니다. 이때 비로소 인간은 자연의 왕자라는 자각을 하게 되었다고 말해서 좋을 것입니다.

일본의 신화나 중국의 신화에서도 옛 기억이 보존되어 이야기를 보면, 신에 해당하는 초월적 존재는 모두 동물의 모습으로 나타나고, 비교적 새로운 역사 이후의 이야기에서는 초자연적인 것은 사람의 모습으로 그려져 있다는 사실을 대비해서 생각해 보아야 합니다.

지금까지 말한 것이 나의 이야기의 첫째 단락입니다.

2. 자연과 기술연관

앞에서도 말한 것처럼 사람은 신을 표상하기 위해서 처음에는 동물의 모습을 사용했었는데, 차차 사람의 모습으로 신을 나타내게 되었습니다. 그것은 인간이 그 지능을 통해서 차츰차츰 자연 속에서 가장 높은 지위를 차지하게 되었기 때문입니다. 인간의 세계에는 역사가 있으며, 자연에서의 그의 지위는 긴 세월에 걸쳐서 달라져 왔습니다. 그뿐 아니라 인간은 자신의 모습을 자연 속에서 변화시켜 왔습니다.

단 하나의 옛 항아리를 보기만 해도 여러 가지 생각이 떠오릅니다. 가령 이집트에서 출토된 항아리나 피라미드 속에 있었던 파피루스에 그려진 그림을 봅시다. 거기에는 논밭을 가는 사람의 모습이 그려져 있는데 그 모습은 맨몸에 맨발이며 채찍을 들고 소나 말을 부리고 있습니다.

역사가 시작된 이후 인간은 동물을 두려워하지 않고 하인처럼 부려왔습니다. 유사 이전有史以前의 원시인들이 짐승에 지지 않기 위해서 동굴 깊숙이 주술적인 그림을 그리고 의식까지 치르고 나서, 겁먹으며 사냥하러 나섰던 일에 비하면 무척 다른 모습이라는 것을 알 수 있습니다. 그러나 다른 한편으로 오늘날 인간의 모습과 비교해 보면 알몸으로 소를 부리며 경작하는 인간의 모습은 얼마나 고대적입니까!

오늘날 밭을 가는 사람은 기계를 사용합니다. 비록 우마牛馬를 부린다 해도 옛날처럼 맨발이 아닙니다. 사람은 이토록 달라졌는데, 소나 말은 예와 조금도 다르지 않습니다. 4천 년이나 5천 년이 지난 지금도 소는 같은 꼴입니다. 더구나 일찍이 신에게 바쳐졌던 소는 그 존재가 격하되어 노동력으로서 취급됩니다. 아니, 더욱더 격하되어 대도시에서는 가죽이나 고기로 여겨지고 젖소로 여겨질 따름입니다. 그것은 인간의 생활에서 소의 지위가 다만 재료의 구실을 하는 채소나 나무 따위의 식물과 같은 지위로 떨어졌다는 말이 됩니다. 소는 이미 영양소나 재료에 불과합니다. 심지어는 인간의 노동을 도와주는 것도 아니게 되었습니다.

인간 이외의 생물은 옛 모습 그대로인데, 인간만은 복장도 노동 양식도 달라지고 기계를 만들어서 그것으로 경작하고 있습니다. 그리고 원래 모습대로의 동물은 기계가 고장 났을 때에 쓰일 예비 노동력이거나, 혹은 기계를 못살 만큼 가난한 곳에서 기계 대신으로 사용되는 것이며, 일반적으로는 식료품으로 사용될 따름입니다. 자연은 불완전한 기계의 취급을 받고 있는 것입니다.

이런 일은 무엇을 뜻할까요? 그것은 인간 이외의 다른 생물에게는 엄밀한 의미에서의 역사가 없다는 것을 뜻합니다. 동물에게는 역사가 없고 다만 세대의 교체가 있을 뿐입니다. 소는 지금도 그대로 소일 따름이며, 그것은 수천 년 수만 년 전의 소의 자손이니까 세대의 교체는 분명히 있습니다. 반면에 인간은 세대의 교체만이 아니라 역사가 있다는 점에 주목해야 합니다. 인간과 환경으로서의 자연과의 관계를 생각하건대, 인간은 자연에서의 그 지위를 역사적으로 차츰차츰 높여온 것입니다. 그리고 자연과의 관계를 바꾸어 나갑니다. 여기에 인간의 역사의 분명한 증거가 있다고 생각합니다.

이것은 매우 큰 문제입니다. 자연 속에서 생물학적인 테두리 내에서의 진화나 퇴화와 같은 변화는 있었습니다. 이를테면 도마뱀처럼 태고에는 거대했던 동물이 먹이나 기후 등의 조건이 악화하여 작아지면서 남아있는 예가 있고, 또

분포하는 장소가 달라진다는 따위의 자연적인 변화가 일어 났습니다. 그러나 자연적인 차원에서는 설명할 수 없는 '역 사'의 존재는 인간밖에는 없습니다. 본능의 순환과는 대조 적으로 행위에 의한 역사가 있는 것입니다.

태고 시대에 인간이 자연 속에서 차지했던 지위는 물론 최 하위는 아닐망정 별로 높은 것도 아니었습니다. 그런데 인간 은 어느 틈에 자연 속에서 최고의 지위를 차지하고, 일찍이 신으로 받들기도 했던 소를 이집트의 그림처럼 농경에 사용 하는 수준으로 올라섰습니다. 그리고 환경 자체를 변화시켜 자연과는 질이 다른, 기하학적인 조형造形을 기조로 하는 공 학적인 것으로 만들어 놓았습니다. 다시 말해서 인간은 자연 그 자체로는 도저히 생각될 수 없는 구조를 지닌 가지각색의 기계를 만들고 자연을 완전히 지배하려고 합니다. 인간은 자 연 속에서 최고의 자리를 차지할 뿐 아니라 자연을 억누르고 자연과 자신들 사이에 기계를 개입시켰습니다. 즉 환경으로 서의 자연을 기술로써 넘어서려고 한 것입니다.

이상이 자연에서의 자신의 지위와 관련해서 혁명적인 비 약을 이룬 인간 역사의 개관입니다. 그 사이에 동물들은 자 연 속에서 멸망한 것도 있고, 또 남아있다 해도 예부터의 생 태를 반복하고 있을 따름입니다. 태고로부터 얼룩말은 사자에 이길 수 없고, 기껏 대항한다 해도 도구를 사용하는 것이 아니라 집단은 이루어 뒷발로 걷어찬다는 예부터의 방식을 변함없이 이어왔을 뿐입니다. 그런데 인간이 자연을 기계로 억누르게 되자 자연의 질서가 점차 무너져 갑니다.

지금까지 나는 시간의 제약도 있어서 아주 특출한 시대만 언급했습니다. 그래서 유사 이전으로서는 태고의 동굴 회화 시대를 들고, 유사 이후로서는 고대 이집트와 일본의 신화 시대를 들어서 그것들을 현대와 비교해 보았습니다. 그 비교를 통해서 우리가 알게 된 것은, 인간은 처음에는 자연 속에 묻혀 있었지만, 점차 자기 자신을 강력한 존재로 만들고 자연을 넘어선 곳에 자기의 위치를 정해 나갔다는 것입니다. 인간이 자연을 넘어선 것은 인간에게 부여된 사고력에 의한 것인데, 구체적으로는 인간과 자연 사이에 기계를 개재介在시킬 수 있었기 때문입니다.

기계의 등장은 도대체 우리에게 무엇을 가르쳐 주는 것일까요? 이세부터 나는 내 이야기의 셋째 단계에 들어서려고 합니다. 방금 말한 것처럼 자연과 인간의 사이에는 기계가 개재해 있습니다. 가령 밭을 간다는 기본적인 행위에서조차 트랙터를 사용하게 되었습니다. 이런 사태가 무엇을 의미하는지를 생각해 봅시다.

오늘날 우리가 집에서 나와 학교로 가는 사이에 경험하는 세계는 어떤 것일까요? 물론 공기도 햇빛도 예와 다름없습니다. 그런 점에서라면 우리는 자연 속에서 움직이고 있습니다. 그러나 내가 걸은 곳은 흙이 아니라 포장된 길입니다. 내가 탄 것은 인간이 만든 자동차나 전차입니다. 이렇게 생각하면 이미 앞장章에서 여러 번 지적한 것처럼 자연만을 인간의 환경으로 볼 수는 없게 된 것입니다.

옛날에는 분명히 자연이 환경이었지만 지금은 자연 이외의 또 하나의 환경이 있습니다. 다시 말해서 아스팔트, 궤도軌道, 전차, 신호기, 전화와 같은 일련의 기술적인 환경, 즉 기술의 연관이 있습니다. 이리하여 기술 연관이 환경으로 되었다는 점을 인식해야만 합니다. 이것은 내가 conjonction technologique[8]라는 프랑스어로 된 새로운 술어를 사용해서 30년 전에 학계에 제시한 개념인데, 지금은 그 말이 외국에서도 일본에서도 사용되고 있습니다. 이 기술 연관이라는 것은 그것에 의해서 인간이 생활을 편리하게 만들 수 있는 하나의 체계라고 생각하면 좋을 것입니다.

다름 아닌 기술 연관이 있기 때문에 우리는 여름에 우량雨

---

8. 기술적인 접속, 저자가 말하는 기술연관. 그는 흔히 technological conjunction이라는 영어도 사용한다.

量이 적을 때라도 찬물을 마실 수 있고 추울 때는 난방을 할 수가 있습니다. 또한 머나먼 곳에서 전화로 이야기할 수 있는 것도 기술 연관의 덕분입니다. 인간이 인간다운 생활을 확보하기 위해서는 자연 그대로 만으로는 불편했기 때문에 기계를 만들었습니다. 그 기계들이 서로 연계된 세계가 기술 연관이며, 그것이 자연과 더불어 우리 일상생활의 환경이 되어 있습니다. 이리하여 에코에티카가 필요하게 되었습니다.

따라서 '인간과 자연'을 '인간과 환경'이라는 말로 대치해서 생각할 수는 없다는 것을 분명하게 자각하지 않으면 안 됩니다. 처음에는 '인간과 자연'을 '인간과 환경'이라는 식으로 대치해서 이야기할 수 있지 않을까 하고 생각했었습니다. 그러나 우리 이야기의 셋째 단계로부터는 그런 말을 할 수가 없게 된 것입니다. 오늘날의 인간에게는 자연은 환경 일부이며 기술 연관 역시 환경의 일부라고 말하지 않을 수 없기 때문입니다. 자연이 환경이며 공기나 햇빛이나 땅이 매우 중요하다는 것은 물론 두말할 필요도 없습니다. 그러나 일상생활을 돌이켜 보면 기술연관이라는 환경에 대한 고려 없이는 우리는 환경에 대해서 아무 이야기도 할 수 없게 되었습니다.

주거에 대해서 무관심한 사람도 있겠지만 지금 당장 주택을 찾고 있는 사람들도 있을 터입니다. 이 경우 누구나 '환경이 좋아야겠다'고 말합니다. 바람이 어느 쪽에서 불어오고 물을 얻기는 쉬운지 생각합니다. 옛날의 시골이라면 강이 가까이 있는지, 집이 약간 높은 곳에 있는지, 그것이 남향인지, 가까이에 숲이 있는지, 그리고 걸어갈 만한 곳에 다른 마을이 있는지 하는 따위의 것을 살피면 환경의 문제는 고루 생각해 본 것이 됩니다. 환경은 전적으로 자연의 문제였기 때문입니다.

그런데 오늘날에는 어떻습니까? 높지막한 곳에서 바라본 경치가 아무리 좋아도, 어떤 큰 회사가 맞은편의 땅을 샀으니까 커다란 건물을 지을지도 모르고 그렇게 되면 전망이 나빠질지도 모른다고 생각해보아야 합니다. 도시가스가 들어오는지, 전철 노선은 어떤지, 공해를 가져오는 연기는 가까운 곳에서 나지 않는지 하는 것도 살펴보아야 합니다.

따라서 우리는 극히 소박하게 주택 환경을 생각할 때도 자연만이 아니라 기술연관을 고려해야 합니다. 학교나 병원과 같은 사회적 시설은 모두가 기술연관에 포함되어 있으니까 기술 연관이 얼마나 큰 환경의 몫을 하고 있는지 분명합니다. 그래서 건물이 비록 북향이라도 매우 효과적인 난방

기구가 설치되어 있고 공기를 정화하는 장치가 있고 소음을 막는 이중창이 있고 그 외로도 여러 기술적인 설비가 갖추어져 있다면, 시설이 없는 남향의 집보다는 그쪽이 더 낫다는 이야기가 됩니다. 그 밖에도 자동차도로가 나 있는지 또 주차할 수 있는지 따위의 문제를 고려하면서 집을 정합니다. 이런 점으로 보아도 '자연'과 아울러 '기술연관'이 일상생활의 환경으로서 얼마나 중요한지를 잘 알 수 있습니다.

그렇다면 우리는 '인간과 자연'이라는 말이 '인간과 환경'을 의미한다고 딱 잘라서 말할 수 없고, 그것은 '인간과 환경의 일부'의 뜻이라고 생각해야만 합니다. 기술 연관이 우리의 생활 속에 결정적인 것으로 개입해 있다는 것을 인정해야 하기 때문입니다. 그리고는 인간이란 무엇이냐는 문제를 새롭게 생각해 보아야 합니다.

지금까지 인간은 자연과 대립하는 것으로 생각되어 온 것이 사실입니다. 한데 우리는 이제야 비로소 인간 자신이 기술연관적인 존재인지 혹은 자연적 존재인지를 묻지 않으면 안 됩니다. 인간이 아무리 기호를 사용하는 존재라 하더라도, 또 아무리 계획된 조직 속에 배치되어 움직이고 있을 따름이라고 하더라도, 인간은 기술연관 속에서의 기계가 아니라 그 본질은 자연이라는 것을 인식하지 않으면 안 됩니다.

인간은 분명히 자연적 존재입니다. 이 점에 대해서 우리는 이제 이야기의 셋째 단계에서 분명히 인식하게 되었습니다. 그것은 처음부터 뻔한 것이었을지도 모르지만, 나는 다음의 두 가지를 확인해 두고 싶었던 것입니다. 그것은 (1) 환경은 자연만이 아니라 또한 기술연관이기도 하다는 것, (2) 자연과 기술연관이라는 그 두 가지 환경 속에서 사는 인간은 어느 쪽에 속하느냐 하면 자연에 속한다는 것입니다. 결국, 인간은 자연이며 자연 속에 사는 한 종류의 생물에 지나지 않는데도 불구하고, 어느 틈에 자연과 이질적인 것, 자기 자신과 이질적인 것을 만듦으로써 자기를 여타餘他의 자연에 대해서 우월한 존재로 치부해 왔다는 이야기가 됩니다. 따라서 뻔한 말이지만, 이 기술연관은 본래 인간의 도구로서의 무기에 지나지 않았는데, 도구였던 것이 서로 결합하여 자기 확대를 이루고 인간의 환경으로 승격한 것입니다. 그렇다면 그것에 동화하는 것이 윤리적이겠습니까?

그래서 우리는 기술연관에 관해서 여러 가지 생각해야 할 일이 많지만, 특히 한 가지만 살펴봅시다. 그것은 자연과 대비시켜서 고찰할 때 그 특징적 성격은 무엇이냐는 점입니다. 이 문제는 기술연관이 본질은 어디에 있느냐는 것입니다. 기술연관에는 물론 여러 가지가 있지만 그것을 가장 알기 쉬운 이미지로 설명하려고 하면, 앞에서도 언급한 '등산과 로프웨이'의 비교가 적절할 것입니다.

알피니즘은 오늘날에도 성행하고 있습니다. 한데 등산이라는 것은 자연의 험한 산으로 들어가 육신으로서의 인간, 즉 자연으로서의 인간이 고생하면서 올라가는 일입니다. 3천에서 4천 미터 정도의 산도 제 발로 걸어 오르는 등산은 며칠간을 예정해야 할 경우도 있을 것입니다. 하지만 그런 산도 로프웨이가 있으면 10분이나 15분에 올라가 버리고 맙니다.

이러한 로프웨이의 덕분으로 희한한 일이 실현되고 있는 것은 사실입니다. 가령 병약病弱한 노인이 젊은 시절에 올라갔던 산에 다시 한 번 올라가 보고 나서 죽고 싶다고 생각한다면, 그 노인을 로프웨이로 데리고 갈 수 있으니 희한하다고 할 수밖에 없습니다. 또 소아마비 때문에 산에 오를 엄두도 내지 못했던 어린이라도 로프웨이를 이용하면 높은 산정에서 조망을 즐길 수 있으니, 기술 연관의 공석은 대단하다고 해야 합니다. 취약한 사람을 위한 기술연관의 봉사 가능성은 윤리적입니다.

그리고 우리가 바쁜 중에도 산의 맑은 공기를 들이마시며 이삼일 쉬고 싶다고 생각할 때, 반나절을 소비하여 로프웨이가 시작되는 산기슭까지 가고, 거기에서부터 로프웨이를 이용하면 그날 저녁때까지는 산정의 호텔에 도착하게 됩니다. 그리고 거기에서 이삼일의 휴가를 보내고 돌아올 수가 있습니다. 만일 등산에만 의지한다면 이삼일 간의 휴가만으로는 산정에서 호연지기浩然之氣를 맛볼 수 없을 것입니다. 따라서 로프웨이는 인간을 위해서 기막히게 좋은 것이라고 말해도 됩니다. 그러나 이 로프웨이에 의해서 상징되는 기술 연관의 역할의 본질은 무엇인지를 생각해 보아야 합니다.

그것이 하는 것은 전장前章에서 말한 바와 같이 전혀 새로운 형식의 추상抽象이라는 것을 아시기 바랍니다. 전혀 새로운 형식의 추상이란 무엇을 말하는 것일까요? 도시 추상이란 그 무엇을 끌어내는 일입니다.

가령 이 방에 수십 명의 사람이 있다고 하면 연령대는 다양할 것입니다. 이 경우 나이의 차이를 문제로 삼지 않고, 즉 나이를 사상捨象하기로 합시다. 그리고는 그 사람 중에서 안경을 쓰고 있느냐 않으냐는 것만을 문제로 삼기로 합시다. 이리하여 안경을 쓰고 있는 사람만을 끌어낸다면 그런 사람만이 나오게 되는 것은 당연합니다. 이렇듯 어떤 면만을 겨냥해서 끌어내고(즉 추상하고), 다른 면을 버리는 것(즉 사상하는 것)을 추상이라고 부릅니다. 따라서 '사상과 추상'은 동시에 행해집니다.

옛날에는 논리적인 추상밖에는 없었지만, 기술연관이 생기자 기술적 추상이라는 것이 일어났습니다. 즉 기술은 과정, 즉 프로세스를 되도록 단축하고 가능하다면 그것을 버려서(즉, 사상해서) 오직 결과만을 추상하려는 것입니다.

이러한 추상의 예로는 통조림이나 냉동식품과 같은 음식물의 공업화를 들 수도 있습니다. 조리調理라는 개인적 프로세스가 사상되고 결과로서의 식사만을 추상한 것이 그것입니다. 이 편익 성은 개인의 생활 행위가 대규모로 사회화되었기 때문에 생긴 것이며, 개인의 기호嗜好를 자유롭게 살릴 수 있는 생활의 비직업적 부분까지도 금전의 대상이 되고 기업화된 것입니다. 말하자면 인간적 행위의 모든 프로세스가 경제 효율에 따라서 기업화되고, 기업이 과학기술에 의해서 개인 행위로 침투하는 현상이 시작된 것이라고 볼 수 있습니다. 벌써 이 점에서 기업의 윤리가 문제시되어야 할 계기契機가 생기는 것이지만, 우리의 주제가 자연에 관한 것이니만큼 그 이야기는 줄이기로 합시다. 그리고 이러한 여건으로 말미암아 생기는 개인의 시간적 여유, 레저leisure, 즉 전적으로 자유로운 개인의 시간조차도 기업의 대상이 되고, 그것이 자연에 맞서서 커다란 문제가 되고 있다는 점에 주목합시다. 그렇다면 그것은 무엇을 의미하겠습니까?

개인의 능력에는 분명히 한계가 있으니까, 가령 여행 할 때라도 그 효율을 생각하자면 단체 여행이 편리합니다. 옛 중국에서 여행은 다리를 놓거나 길을 닦으러 가는 따위의 대규모의 단체 여행이었으며, 동서양을 막론하고 구걸행각求乞行脚과 같은 순례巡禮는 단체로 하는 수도 있었습니다. 그러나 관광이 기업화된 현재에서는 대형 비행기나 버스 때문에 풍경이 달라질 정도로 자연 개변과 자연 파괴가 생기고, 더욱이 호텔이나 별장 기업이 경치를 독점하고 있습니다. 따라서 법률적 규제規制에 앞서서 에코에티카에 의한 의식 혁명이 필요한데, 이러한 문제도 본래는 시간적 숙성熟成을 기다리지 않고 과정을 압축하려는 새로운 추상 때문에 생긴 것입니다.

과정을 줄인다는 것에는 두 가지 측면이 있습니다. 첫째로는 생력省力, 즉 인간의 힘을 더는 것이며, 둘째는 시간의 단축입니다. 이 두 가지의 것을 실행해서 결과를 추상해 가는 행위를 나는 기술적 추상이라고 부르고 있습니다.

나는 여기에서 그것이 좋으냐 나쁘냐는 것을 따지려는 것이 아닙니다. 확실히 거기에는 좋은 면도 있고 나쁜 면도 있습니다. 나쁜 면으로서 등산의 예를 다시 들어 봅시다. 인간에게는 이미 몸이 강하냐 약하냐는 것은 문제가 안 되고 강하건 약하건 간에 로프웨이를 탈 돈만 있으면 산정까지 오를 수 있습니다. 그러니 알피니즘alpinism을 통해서 길러지는 노력이나 인내심이나 혹은 팀워크와 같은 덕은 로프웨이가 사용되면 함양될 수가 없습니다. 다만 산정에서 경치를 전망한다는 결과만이 남는 것입니다.

이렇듯 사람의 힘을 덜고 목적 달성에 필요한 시간을 단축하는 것이 기술연관의 큰 특색이라고 말하지 않을 수 없습니다. 그리고 여기에는 매우 편리하고 좋은 면이 분명히 있지만, 또한 지금 말한 바와 같은 마이너스의 측면도 있다는 점에 주목해야 합니다. 그렇다면 인간 본질이란 도시 무엇이겠습니까?

인간 실존의 본질은 의식이라고 하지 않을 수 없습니다. 왜 그럴까요? 우리가 무의식중에 한 일에 관해서는 책임을 추궁당하지 않습니다. 일상생활에서도 가령 술에 취해서 상사에게 쏙언한 경우에도 "간밤에는 술 때문에 죄송하게 되었습니다"라고 무조건 사과하면 "술기운에 그랬으니까"라고 하면서 용서해 주는 수도 있습니다. 그런 짓은 만취 상태에서 무의식적으로 한 것으로 치부되고 무의식의 언동에는 책임이 없다고 인정되기 때문입니다. 따라서 인간이 서로 인간으로 인식하는 것은 의식적 존재로서입니다.

이런 점에서 인간에게는 육체가 극히 소중하지만, 인간이 진실로 인간인 까닭은 의식에 있습니다. 그것이 얼마나 중요한 것인지는 다음과 같은 불행한 경우를 예로 들어 보아도 알 수 있습니다. 누가 무슨 사고로 오른손이 잘린다거나 혹은 한쪽 폐를 도려내는 수술을 받게 되었다고 생각해 봅시다. 그러면 모습과 형체가 달라질 텐데 그때 사람들은 그의 육체적 외양이 변했다고는 말할망정 그 인간이 변했다고는 말하지 않습니다.

이와는 반대로 어떤 사람이 신체적인 모습은 똑같은데도 어느 순간부터 아주 진지한 사람이 되었다고 하면, 그는 같은 신체의 소유자임에도 달라졌다는 말을 듣게 됩니다. 이런 점으로 보아 인간 실존의 본질적인 점은 의식에 있다고 말하지 않을 수 없습니다. 한데 이렇듯 인간에게서 본질적인 것인 의식은 시간 속에서 생성生成하고 발전하면서 자신을 키워나갑니다. 다시 말해서 의식은 철학적인 전통과 마찬가지로 시간적인 존재입니다.

그렇다면 시간을 압축해 간다는 것은 결국 시간적 존재로서의 인간의 본질인 의식을 압축하는 것이 되지 않을까 하는 중대한 문제가 생깁니다.

3. 자연에서 배우다

앞서 말한 것처럼 기술연관은 분명히 가지가지의 혜택을 인류에게 가져다주었지만, 다른 한편으로는 많은 일에서 시간적 과정을 되도록 단축하고 노동력 절감을 촉진했습니다. 이렇게 '힘을 생략한다.'는 것은 육체적인 노력勞力을 던다는 점에서는 반길 만한 것이지만, 삶의 영위를 위해서 진력한다는 뜻에서의 노력努力이나 끈기를 없애는 경향도 있습니다.

그러니까 인간의 환경으로서의 기술연관은 생력이 실현되고 일의 과정으로서의 시간이 단축되며 인내와 같은 덕이 상실되어 가는 장소, 말을 바꾸면, 의식의 본령本領을 되도록 뭉개버리는 차원이라고 말하지 않을 수 없습니다. 이리하여 비시간화에 의한 비인간화가 이루어집니다.

한편 자연은 어떤 것일까요? 방금 말한 것처럼 기술연관은 되도록 시간을 줄이고 노동력을 절감하는 것인데, 자연은 어떠할까요? 사언이야말로 기다리는 자세로 일괸히고 있습니다. 자연은 기다림입니다.

기술연관은 되도록 빨리 결과를 내려고 합니다. 그리고 이것이 오늘날의 사회에서는 어느 정도 가능합니다. 그러나 자연은 봄이 오지 않으면 꾀꼬리가 그런 소리로 울지를 않습니다. 기다리던 봄이 와야만 노래를 부르고 번식에 열중합니다. 그리고 산란을 하면 그 알은 어미가 며칠 동안 덥혀 주지 않으면 부화하지 않습니다. 부화한 새끼는 한 해가 지나지 않으면 어미가 될 수 없습니다. 이런 일련의 일을 우리는 기술연관으로써 다소 속성速成시키는 조작을 할 수는 있을 것입니다. 그래서 오늘날에는 가령 사시사철 오이를 먹고 딸기를 먹을 수 있게 되었습니다. 온실을 만들어 영원한 봄과 영원한 여름을 만들면 과일이나 채소를 일 년 내내 먹을 수 있게 됩니다. 그렇지만 딸기가 씨로부터 싹으로 변하고 그것이 성장하여 열매를 맺을 때까지는 일정한 시간이 절대로 필요합니다. 이렇듯 기술연관 속에서도 자연은 그러한 시간성을 필사적으로 지키고 있는 것입니다.

나는 앞서 우리 인간은 본질에서 자연이라고 말했습니다. 자연 속에서도 우리는 의식이라는 시간성을 강조해야 하는 존재입니다. 그리고 시간성을 강조한다는 것은 자연의 '기다리는 자세'를 모방하는 것입니다. 그것은 시간적 숙성을 위한 인내와 대기待機의 자각을 기르는 것입니다.

우리는 좋건 싫건 간에 기술연관 속에서 달리고 있는 존재라고 말할 수 있습니다. 일은 기술연관으로 진행되니까 우리는 그 결과를 연동작업連動作業의 필연으로서 획득합니다.

그러나 그 결과만으로는 만족하지 않고 더욱더 빨리 많은 것을 만들려고 생각합니다. 그래서 본래 여유를 만들기 위해서 생겼을 기술연관 그 자체가 어느 틈에 고속도 사회로 변해 버렸습니다. 자동차나 비행기의 속도만을 두고 하는 말이 결코 아니라, 일상생활이 현기증 날만큼 빨리 진전하고 있습니다. 이 고속도 사회로서의 기술연관 속에서 우리 자신은 기다린다는 것을 마치 필요악必要惡처럼 생각하게 되었습니다. 앞서 언급한 바와 같은 인공 장기의 개발을 기다릴 수는 정녕 없을까요?

이런 점에서 우리는 자기가 자연이라는 것을 새삼 다시 생각하고 자연이란 본래 성숙을 기다리는 존재, 때가 무르익기를 기다리는 존재라는 것을 의식하지 않으면 안 됩니다. 그리고 자연은 단순히 우리가 이용하고 정복해야 하는 재료일 뿐 아니라, 차라리 인간에 대해서 '교사教師'인 측면을 가지고 있다는 것을 깨달아야 합니다. 이리하여 '자연에서 배운다.'는 태노가 태어납니다.

이러한 이야기는 옛부터 있는 것임이 틀림없지만, 오늘날의 시점에서 '자연에서 배운다'는 말의 진실한 의미를 생각해 보아야 합니다. 자연은 결코 인간에 대해서 재료나 환경만이 아닙니다. 우리는 자연 앞에서 다시 한 번 겸허하게 배운다는 태도로 자연을 교사로 섬겨야 합니다.

　나는 여기에서 네 번째 생각으로 접어들려고 합니다.

　앞서 말한 바와 같이 '인간과 자연'은 '인간과 환경'이라는 말로 그대로 대치될 수는 없습니다. 자연은 환경 일부에 불과하기 때문입니다. 그러나 환경의 다른 한 면을 떠맡아 온 기술연관과 견주어 보면, 차라리 "인간은 자연이다"라고 말해야 합니다. 인간은 자신이 자연이라는 것을 잊어서는 안 됩니다. 그렇다면 자연인 인간은 자기 이외의 다른 자연에 대해서 어떤 태도를 보이고 있습니까? 자연을 다만 재료로서, 또 정복해야 할 대상으로서 생각해왔습니다. 그러나 사실은 자신의 내면적 삶을 가르쳐 주는 존재로서 다른 자연을 보아야 합니다. 이렇듯 자연이 교사의 지위를 차지해야 하는 측면도 있는 것입니다. 따라서 자연을 보존하고 자연을 보호하는 목적도 이와 관련되어야 합니다. 그것은 물론 미적美的인 요구를 충족시키거나 도시 주민의 건강을 유지하기 위한 것이기도 합니다. 그러나 우리가 잊고 있는 것이 있습니다. 자기의 내면을 진실로 차분히 정착시키는 것, 기다림의 의미를 인생에서 되살리는 것을 그 목적에 포함하지 않으면 안 됩니다. 이렇듯 자연 보호의 사상도 윤리에서 나오는 것입니다.

참는다는 말의 의미를 잘 생각해 봅시다. 나는 결코 봉건적인 이야기를 하자는 것이 아닙니다. 기다린다든가 참는다는 말의 의미를 다시 한 번 우리에게 상기시키기 위해서, 자연은 교사로서 우리 앞에 나타난다는 측면이 있다는 것을 잊지 말아야 할 것입니다. 에코에티카는 자연으로부터 배우는 윤리입니다.

마치 우리가 연로한 은사에게 선물하고 그 생활을 돌보아 드리는 것이 필요한 것처럼, 예부터 스승인 측면을 지녀왔던 자연을 확실히 보호하는 일을 이제라도 생각하지 않으면 안 됩니다. 그만큼 자연은 지금 버림받고 있는 것입니다. 하기야 오늘날 자연 보호가 큰 문제로 등장하고 여러 가지 화제가 되어 있기는 합니다. 그러나 그런 이야기들은 모두 공해가 큰 문제라든가, 자연미가 손상되어 풍치가 나빠진다든가, 자연을 파괴하면 건강에 해롭고 재해가 일어난다든가 하는 현세적인 이유 때문에 생긴 것입니다. 물론 그런 것은 모두 중요한 일이며 나 역시 그것을 부정하는 것은 아니지만, 그런 이야기만으로 충분한 것은 아닙니다.

다시 말해서 우리는 또 하나의 측면을 생각해야 합니다. 인간은 자연 속에 존재하는 자연인 자기 자신을 진실로 살리기 위해서 자연으로부터 배운다는 것이 소중하며, 그러기에

은사를 섬기는 것과 똑같은 윤리적 관념을 지녀야 합니다. '인간과 자연'이라는 주제를 생각하는데 이러한 사고방식을 가져야 할 것이라는 점을 특히 강조해 두려고 합니다. 과학도 자연이 나타내 보인 것을 보고 배운 성과일 것입니다.

이러한 견지에서 다시 한 번 '인간과 자연'의 관계를 생각해 보면 여러 가지 문제가 생기게 됩니다. 오늘날 인간은 자기 자신을 자연 중에서 최고의 존재로 생각하고 또 그것이 틀림없는 사실이라고 확신하고 있는 사람들이 많지만, 인간의 성sex을 생각해 보면 매우 야릇한 일이 있습니다.

인간이 자연 중에서 가장 훌륭한 동물의 하나임은 틀림없고 또 가장 강력한 집단을 형성하고 있는 동물임도 틀림없습니다. 그러나 생물학적으로 가장 발달한 것이 어떤 것인지를 '성'이라는 관점에서 생각해 보면 이야기가 달라집니다. 인간에게 성은 노력努力과 죄의 윤리적 분기점입니다.

문화와 기술이 아무리 진보해도 개체로서의 인간은 자기 혼자만으로는 결코 다음의 세대를 생산할 수 없습니다. 이 상한 일이지만 저차원의 생물 중에는 개체로서, 즉 저 혼자서 다음의 세대를 만들 수 있는 것들이 있습니다. 자웅 동체인 동물도 있고, 암술과 수술을 가진 꽃은 한 개체로서 다음의 세대를 만들어 나갑니다.

한데 기계가 아닌 자연으로서의 인간(기계는 아이를 낳을 수 없습니다), 즉 아이를 낳을 수 있는 자연의 인간은 경우가 다릅니다. 그 생식의 힘으로서의 '성'을 생각해 볼 때, 그것이 기능을 수행하고 의미가 있기 위해서는 개인은 절대적으로 상대를 기다려야 하는 존재입니다. 따라서 이 경우에는 '상대적相對的'이라는 글자보다도 차라리 '상대적相待的'이라는 글자를 써야 할 것입니다. 인간은 진정 타자他者를 기다리는 존재입니다. 대타적待他的이기 때문에 성 역시 노력이 되기도 하고 죄가 되기도 하는 것입니다.

하기야 개인은 존엄하고 그 가치도 위대한 것이겠죠. 그러나 인간의 자연적인 측면을 생각해 봅시다. 성이라는 차세대를 낳는 한 가지 일만을 두고 생각해 봅시다. 그러면 우리는 혼자만으로는 결코 아무것도 할 수 없다는 것을 알게 됩니다. 인간은 상대적相待的인 존재, 자기와 다른 성을 기다려야 하는 존재입니다. 이러한 남녀의 합력은 비단 아이를 낳는 일만 아니라 여러 다른 면에서의 창조에도 필요합니다. 다른 개체를 기다려야 하는 성, 그것이 인간입니다. 성은 다름 아닌 정신적 창조를 위하여 이성을 기다리는 것입니다.

다시 말하면, 기술연관 속에서 우리가 아무리 편리한 것들을 획득하고 집단보다도 더욱 강한 힘을 갖춘 듯이 느낄망정, 인간이란 정녕 서로 기다리는 존재, '상대적相待的' 존재에 지나지 않습니다. 따라서 '기다린다' 는 자연이 본질은 인간의 성 하나만을 생각해 보아도 분명히 인간 속에 깃들어 있는 것입니다. 이런 점에서 에코에티카는 인간의 대화적 상대성對話的 相待性을 주장합니다.

우리가 아무리 인간으로서의 자기自己를 자랑해도 인간의 자기라는 것은 개체만으로는 별 수 없는 존재입니다. 개체로서의 인간은 분명히 자연 속에서 우월한 지위를 차지하고 있지만, 덧없고 취약한 존재라는 것을 자각해야 합니다. 에코에티카가 선양하는 개인주의는 다른 개인을 자신과 똑같이 중시하는 덕목입니다.

이리하여 우리는 여기에서 다시 한 번 넓은 시점에서 생각해 보아야 합니다. 생식과 쾌락의 문제를 가져오는 성의 경우뿐만 아니라, 한 인간이 일 할 때는 어떤 존재인가 하는 점을 잘 생각해 보아야 한다는 말입니다. 그러한 인간의 본성을 정의한 것으로 "인간은 폴리스polis적 동물이다"는 아리스토텔레스의 말이 생각날 것입니다.

폴리스란 그리스의 도시 국가를 가리키니까 사람들은 그 단어를 국가나 사회로 번역하며 그래서 폴리스적이라고 하면 국가적 사회적 또는 정치적이라고 새깁니다. 그 결과 "인간은 사회적 동물이다"던가 "인간은 정치적 동물이다"는 따위의 번역이 생기게 됩니다. 그러나 폴리스적 동물이란 원래 집단을 이루어서 살아가지 않으면 안 되는 동물이라는 의미입니다. 따라서 인간은 개인적인 존재이긴 하지만 무슨 일을 할 때는 전갈처럼 고독하게 있을 수는 없습니다. 분명히 인간은 집단적인 동물로서 생활합니다. 다시 말해서 남을 기다리는 존재, 서로 기다리는 존재로서 정치적인 조직을 구성합니다.

이렇듯 서로 기다리는 존재이기 때문에 인간이 살아가기 위해서는 서로 돕는 것을 필요로 하며, 그래서 정치의 세계에서는 데모크라시라는 말이 나옵니다. 데모크라시란 데모스(민중)의 정치입니다. 혼자서는 살아갈 수 없는 인간이 집단을 이루고, 그 집단의 사람들의 공통된 이익이 어디에 있고 공통의 요구가 무엇인지에 관해서 되도록 많은 사람의 의견을 들어서 정치의 방향을 징해가자는 주의기 곧 데모크라시입니다.

한데 우리가 자연을 염두에 두지 않으면 데모크라시democracy와 데모크라티즘democratism을 혼동하게 됩니다. 나는 민주주의는 잘못된 것이라고 생각합니다. 이렇게만 말하면 터무니없는 소리라고 생각할지도 모르지만, 원래 데모크라시라는 단어에는 민주주의라는 의미는 전혀 없습니다. 그것은 '민주정치'라는 의미입니다. 그리고 민주정치라면 앞서 말한 바와 같은 상대적 존재로서의 인간에게는 필요한 것입니다.

한편 민주주의는 데모크라시가 아니라 데모크라티즘이라고 해야 마땅합니다. 그것은 모든 일을 다수결로 결정하자는 사고방식입니다.

그렇다면 자연의 세계는 어떻게 되어 있을까요? 자연 동물의 무리에는 반드시 리더십이 있습니다. 그 리더십 아래에 가령 망을 보는 엑스퍼트가 있어서 교대로 경계 임무를 맡고 다수의 무리들이 떠들어대도 동요하지 않습니다. 또 무리가 이동할 때는 선두에 서거나 후미를 지키는 중견의 개체들이 있어서 데모크라티즘을 배제하며, 다수의 요구로 결정을 내리는 것이 아닙니다. 리더는 싸움이 일어날 때는 자기의 결단을 강요합니다. 그렇다고 해서 그는 압정주의자壓政主義者는 아닙니다. 자연의 동물은 평상시에는 매우 부드러운 존재여서 무리의 요구를 질서 있게 받아들이는 그러한 생태를 보입니다. 통솔력이 약해지면 싸움으로 리더의 자리를 잃는다는 규칙 같은 것을 가지고 있는 동물도 있습니다. 원숭이, 사자, 물개 따위가 그렇습니다. 힘이 쇠약해진 과거의 리더는 무리를 떠나서 죽어가는 동물도 있습니다.

이렇듯 자연에서는 데모크라시와 데모크라티즘의 구별이 분명합니다. 한편 인간의 경우의 데모크라시란 정치 과정에서 각자가 평등한 권리를 가지고 평등한 입장에서 요구를 서로 말하고 다수의 요구가 이기는 것입니다. 그러나 이런 일은 정치의 차원에만 한정되어야 합니다.

한편 데모크라티즘의 경우에는 어떻게 될까요? 이상한 예를 하나 들어보죠. "암은 여간해서 낫지 않는데, 의사가 무능하기 때문이다. 그러니 국민 투표로 어떤 치료를 하면 좋을지 결정하자"는 제안이 나온다고 합시다. 만일 이런 일이 생긴다면 아무도 그 결과를 믿지 않을 것입니다. 예술도 마찬가지입니다. 안목 있는 사람connaisseur만이 예술의 판정자로 선택되어야 합니다. 안목 없는 사람이 어떤 그림을 좋아한다고 해도 그것은 그림을 모르고 하는 말이며, 개인적 취미에 불과합니다. 안목 있는 사람의 판정 밑에는 미학이론이 바탕인 법입니다. 따라서 데모크라티즘(민주주의)이라는 것은 본래 있어서는 안 되는 것입니다. 그런데도 기술연관 속에서는 아무리 능력이 부족한 사람이라도 같은 결과를 낼 가능성이 있기 때문에, 어느 틈에 모든 사람이 능력 면에서 평등하다고 생각하게 되었습니다. 인격의 평등과 능력의 불평등은 에코에티카의 근본적 테제의 하나입니다.

가령 도쿄에서 하코네[9]까지 간다고 합시다. 마라톤을 하 듯이 달려간다면 체력이 강한 사람이 이기겠지만, 기술 사 회에서는 그러지를 않습니다. 열차를 타고 가니까 차 속에 서 아무리 달려 보아도 마찬가지입니다. 자리에 앉아서 가 면 되니까 다리가 불편한 사람도 마라톤 선두도 다 같습니 다. 모든 영역에서 우리는 데모크라티즘으로 기우는 경향이 있습니다. 능력의 차이가 보이지 않는 듯이 생각되기 때문 입니다. 그러나 일을 하는 데는 분명히 능력의 차이가 있고, 그 능력의 차이를 존중하지 않으면 인간은 기계의 부품으로 변질하고 맙니다. 하지만 상대성相對性을 지닌 인간은 각기 다 른 능력을 갖추고 있는 것입니다.

우리는 여기에서 다시 한 번 겸허하게 자연을 보고 자연 속에서 협력할 때는 어떻게 하는 것이며, 또한 경쟁이 어떤 점에서 필요한지를 배워야 할 터입니다. 경쟁에는 물로 승 패가 따릅니다. 그러나 이기고 지는 것은 능력이나 운수의 차이를 보여줄 따름이며, 인격상으로는 사람은 모두 똑같습

---

9. 箱根– 온천과 풍경으로 유명한 곳. 도쿄에서 서쪽으로 약 100km.

니다. 이런 점을 생각해서 진실한 의미의 데모크라시(민주정치)를 추진시키기 위해서는 데모크라티즘(민주주의)을 배제해 나가야 합니다. 한데 기술연관에 길들면 우리는 그 점을 자칫 망각하게 됩니다. 이러한 문제와 관련해서 우리는 다시 한 번 자연에서 배운다는 윤리가 무엇인지를 서로 차분히 생각해 보지 않으면 안 됩니다. 에코에티카는 데모크라시를 지키기 위해서 데모크라티즘을 거부하는 것입니다.

마지막으로 한 가지 말씀드릴 것이 있습니다. 우리는 지금까지 '인간과 자연'이라는 주제를 중심으로 삼아, 자연과 인간을 대립시켜 보기도 하고 또 그 양자를 하나로 통합시켜 보기도 했습니다. 한데 인간은 본래 최종 단계에서 자연을 넘어서는 측면을 가지고 있다는 것을 잊어서는 안 됩니다. 인간은 자연이면서도 본시 초자연의 측면을 가지고 있습니다. 이 초자연의 측면을 가지고 있다는 것이 인간이 지니고 있는 시성이라고 생각합니다. 혹은 영성靈性이리고 해도 좋고 스피리츄얼리티spirituality라고 해도 좋겠습니다.

육체로서 태어나는 인간은 진정 자연적 존재이며 그의 움직임도 자연입니다. 그러나 인간은 결코 자연만은 아닙니다. 왜냐하면, 앞서 본 것처럼 순전히 자연적인 존재에는 역사가 없기 때문입니다. 역사가 가능한 것은 자연인 자기를 언제나 넘어서려는 바로 그 의식의 덕분이며, 그래서 인간은 역사를 만들어 온 것입니다. 역사 속에는 잘못이 클지도 모르지만, 역사를 만들어 왔고 지금도 만들고 있다는 점에 인간의 위대성이 있는 것입니다.

인간 이외의 자연에는 '세대의 교체'만이 있고 자연을 넘어서려는 지향이 없으므로 역사가 없었습니다. 그러나 인간은 자연을 넘어서려 노력하고, 그래서 주어진 환경을 언제나 넘어서려 합니다. 주어진 환경을 넘어선다는 것은 주어진 환경에서 부족을 느끼기 때문입니다. 한데 부족이란 존재결여存在缺如입니다. 그리고 존재결여란 무無입니다. 존재의 결여로서의 현상적現象的 무無를 찾아내고, 존재가 충족되는 방향으로 나가려는 것이 인간입니다. 그리고 존재가 충족되는 쪽으로 나가는 중에 또 부족을 찾아내고 존재가 충족되는 쪽으로 나가는 중에 거기에서 또 부족을 찾아내고 그것을 넘어서려고 합니다. 이 초월지향超越志向이 윤리의 원점입니다.

다시 말해서 인간은 언제까지라도 존재의 충족을 찾아 나갑니다. 즉 인간은 내부에 무無가 없는 존재 그 자체로 향하려는 성질을 가지고 있습니다. 그러나 존재 그 자체나 완전한 충만과 같은 절대적인 것은 이 세상에는 없습니다. 그것은 결론적으로 말하자면 신과 같은 것입니다. 신까지는 못 미칠망정 이념의 존재 그 자체로 향하려는 성질을 인간은 가지고 있습니다. 한데 존재 그 자체라는 것은 결국 초자연적입니다. 인간이란 초자연적인 것을 향해서 뻗어 가려는 자연입니다. 따라서 인간은 자연인 동시에 초자연으로의 지향을 하고 있다는 것을 잊어서는 안 된다고 생각합니다.

오직 이런 점을 생각할 때에만, 다시 말해서 초자연의 안목에서 볼 때에만 인간에게서 죄나 선善과 같은 것이 진실한 의미에서 생각될 수 있을 것입니다. 보통의 자연에는 죄가 없다고 말해서 좋을 것입니다. 동물의 세계에는 악은 있지만 죄는 없습니다. 에코에티카의 기본 문제는 이렇게 짜이는 것입니다.

이렇듯 인간 속에서 죄라는 것을 생각할 수 있는 것은 인간이 자연이면서도 초자연과 관련되기 때문이라는 것이 나의 생각입니다. 인간은 완전한 절대자와 자신을 비교하고는 허무하고 주한 존재보서 내석인 죄를 느끼는 존재입니다. 인간으로서 살기 위해서는 환경으로서의 자연을 넘어서야 하는데, 그 초월에는 과학 기술적인 방식과 형이상학적 방식의 두 가지가 있다는 것을 우리는 보아 왔습니다. 이제 환경으로서의 기술연관이 부가附加된 오늘날, 인간은 그것을

넘어서기 위해서 예술과 에코에티카가 있다는 것을 강하게
의식해야 할 것입니다.

역자후기

　이 책은 이마미치 도모노부今道友信 교수가 1990년에 고단
샤講談社 학술 문고의 한 권으로 저술한 『에코에티카Eco-Ethica』
를 번역한 것이다.

　오늘날 우리는 고도의 과학기술 문명이 지배하는 사회 속
에서 살고 있으며, 그것은 자연환경과 더불어 우리의 필수
적인 생존 여건을 형성하고 있다. 우리가 일상적으로 이용
하는 모든 것은, 비닐봉지로부터 원자력에 이르기까지 과학
기술의 산물이 아닌 것은 없다고 말할만하다. 그것은 인간

의 생명과 자연의 생태에 간여하고 엄청난 영향을 주기에 이
르렀다. 그 혜택을 반길 것인지 혹은 그 해독을 걱정할 것인
지는 사람에 따라 또 경우에 따라 견해가 다르겠지만, 과학
기술('과학과 기술'이라는 뜻이 아니라, 과학적 지식, 이론, 발견을
적용한 기술의 뜻, 즉 테크놀러지)을 빼놓고는 인간의 존립을 생
각할 수 없게 된 것이 오늘날의 현실임에는 틀림이 없다. 따
라서 '자연으로 돌아가자'는 따위의 부질없는 감상주의感傷主
義에 빠지지 않는 한, 우리가 취해야 할 기본적 입장은 이 현
실을 필연적인 소여所與로서 인식하고 그것이 우리의 삶과 어
떻게 관련되는지를 생각해 보는 것이다. 그것은 서로 연관
된 두 갈래의 주제로 유도된다. 하나는 과학기술의 문명이
가져온 삶의 양상과 사고의 변화를 객관적으로 기술하는 것
이며, 또 하나는 그 변화 속에서의 우리의 마땅한 생존을 위
한 새로운 윤리학을 구상하는 것이다.

이마미치 교수는 이 불가분리한 이중의 요청을 충족시키
기 위하여 1980년대 초에 '에코에티카'라는 새로운 개념을
설정했다. 그것은 이 책의 본문에 알기 쉽게 설명되어 있지
만, 간단히 말해서 '기술사회'라는 새로운 환경이 과연 무
엇이며 그 환경을 마땅히 수용하기 위해서 우리의 기존의
현실관과 윤리관을 어떻게 재검토하고 재창조해야 하느냐

는 초미의 과제를 제시하고, 그것에 대응하는 진정한 철학적 견해를 밝히려는 것이다. 이마미치 교수는 이 과업이 전세계적인 성격의 것이므로 사상과 실천의 양면에서 국제적인 협력이 긴요하다는 생각에서 오늘날까지 30여 년 동안 '에코에티카 국제 심포지엄'을 이어왔으며, 역자인 본인도 장기간 참여한 이 모임의 성과는 세계의 철학계에 널리 알려지게 되었다.

여기에 번역한 『에코에티카』는 이마미치 교수가 그의 깊고도 넓은 철학적 사유와 현실적 관찰을, 일반인을 위한 강의의 형식으로 서술한 것이다. 이 책은 쉽고도 비근한 언어로 쓰여 있으면서도 그의 핵심적 사상을 충분히 반영하고 있다. 그가 기술연관이라고 부르는 근본적으로 새로운 현상들의 본질과 그 득실에 관해서, 그것으로 말미암아 오늘날 우리에게 요청되는 새로운 윤리에 관해서, 고도의 과학기술 사회에서 야기된 목적과 수단의 전도에 관해서, 그리고 결국에는 자연의 일부에 지나지 않은 인간이 지연과 맺어야 할 궁극적 관계에 관해서 이마미치 교수가 하는 이야기는 자아와 인생과 사회에 대한 우리의 인식 변혁을 가져오지 않을 수 없을 것이다. 그리고 그 이야기는 철학이 현실의 문제에 적극적으로 참여해야 할 당위성과 중요성을 절실하게 증명하고 있는 것이기도 하다. 그런 점에서 이 얇은 한 권의 책은 독자 여러분이 오늘날 기술사회의 본질을 파악하고 그 속에서 슬기롭게 살아나가는 식견과 지혜를 갖추는데 크게 공헌하리라고 믿는다.

참고로, 이마미치 교수(1922-2012년)에 관해서 몇 마디 소개해 두려고 한다. 현대의 일본을 대표하는 철학자 중의 한 사람인 그는 동경 대학에서 철학과 미학을 전공하고 모교의 교수로서 또 문학부장으로서 재직했으며 1983년 정년퇴직과 아울러 명예 교수로 추대되었다. 그러나 이것은 그의 경력 일부에 지나지 않는다. 그는 이미 1950년대부터 여러 외국대학에서 초빙되어 강의를 담당했고, 국제 미학회와 국제 철학회의 핵심적인 임원으로서 또 그 회장으로서 활동했으며, 1980년 부터는 비교철학 미학 국제 연구소의 소장으로서 '에코에티카'의 정립을 위한 범세계적인 연구를 주도했다. 그는 또한 한국의 과거와 현재를 깊이 이해하고, 공적 사적으로 한국의 많은 지식인과 두터운 교분을 가져왔다. 그의 국제적 명성은 이미 1984년에 프랑스에서 간행된 『철학자 사전』(이 사전에는 동서고금의 철학자들에 대한 깊이 있는 소개가 망라되어 있다) 에 반영되어 있는데, 그중에서 '에코에티카'와 관련된 부분을 옮기면 다음과 같다.

서양철학과 동양적 전통, 특히 장자莊子의 전통을 다 같이 잘 아는 그는 산업 문명이 제기하는 문제에 철학적 관심을 집중시켜 왔다. [...] 이마미치 씨는 과연 현대 기술의 위험이 시간적 숙성熟成 과정의 의미를 배제하는 데 있다고 생각한다. [...] 산업 사회는 또한 수단이 목적에 종속되는 차원을 상실하고 기술적 삼단 논법의 전도를 가져 왔다. 산업 사회는 옳다고 판단되는 목적을 실현하기 위한 수단을 찾는 대신에, 실현할 수단이 있는 것이라면 무엇이든 실현하는 것을 의무로 삼는다. 자연적, 사회적 환경 속에 인간을 통합시키려는 에코에티카의 창조는 우리에게 서양과 동양이 전통의 상호 보완성을 인식하기를 요청한다. [...] 인간적인 철학을 정립시키기 위해서 이마미치 씨는 사고의 지평선을 넓히고 뜻깊은 도움을 가져오는 데 공헌할 수 있는 비교 연구에 모든 철학자가 협력하기를 제안한다. 그러므로 그는 매년 국제적인 심포지엄을 조직하고 국제적인 철학 잡지를 간행하고 있다(Dictionnaire des philosophes, P.U.F., p.1308).

이 글은 이마미치 교수가 기술사회의 문제에 직면하여 동양과 서양의 철학을 아우르면서 구상한 '에코에티카'의 기본적 입장을 요약한 것이지만, 이 요약만으로는 불충분하다. 그것이 구체적으로 무엇인지는 이 책을 읽음으로써 더 자세히, 더 설득력 있게 그리고 더 근본적으로 밝혀질 것이다. 이 책의 원서에는 '生圈倫理學入門'이라는 부제가 붙어 있는데, 그 새로운 말이 한국 독자에게는 다소 낯설지도 모른다는 생각에서 저자와 상의하여 '기술 사회의 새로운 윤리학'이라고 바꾸었다. 끝으로 이마미치 교수의 깊은 사상을 더욱 잘 알기를 바라는 독자들을 위해서 많은 저서 중에서 쉽게 접할 수 있는 몇 권을 열거해 둔다.

『美の位相と藝術』(1968)

『同一性の自己可塑性』(1970)

『愛について』(1972)

『美について』(1973)

『東洋の美學』(1980) (한국어번역, 조선미, 다할미디어, 2005)

『東西の哲學』(1981)

『空氣への手紙』(1983)

『西洋の哲學史』(1986)

『知の光を求めて』(2000)

『美の存立と生成』(2006)

감사의 말씀을 드린다. 이 귀중한 저서의 번역을 쾌히 승낙하고 한국어판을 위해서 특별히 서문을 써주신 이마미치 교수에게, 저자와 나를 맺어준 그리운 벗 고 백기수 교수에게, 그리고 10년전에 출간되었던 이 번역서를 재검토하고 다시 출간하는 기회를 주신 기파랑 안병훈 사장님에게.

2013년 2월

역자 씀

기파랑耆婆朗은 삼국유사에 수록된 신라시대 향가 찬기파랑가讚耆婆朗歌의 주인공입니다. 작자 충담忠談은 달과 시내의 잣나무의 은유를 통해 이상적인 화랑의 모습을 그리고 있습니다. 어두운 구름을 헤치고 나와 세상을 비추는 달의 강인함, 끝간 데 없이 뻗어나간 시냇물의 영원함, 그리고 겨울 찬서리 이겨내고 늘 푸른빛을 잃지 않는 잣나무의 불변함은 도서출판 기파랑의 정신입니다.

에코에티카 ^{Eco-Ethica}
기술사회의 새로운 윤리학

초판 1쇄 발행_ 2013년 5월 10일

옮긴이_ 정명환
펴낸이_ 안병훈
디자인_ 김유미 *flora*

펴낸곳_ 도서출판 기파랑
등록_ 2004. 12. 27 | 제 300-2004-204호
서울시 종로구 동숭동 1-49 동숭빌딩 301호
전화_ 763-8996(편집부) 3288-0077(영업마케팅부)
팩스_ 763-8936
이메일_ info@guiparang.com
홈페이지 www.guiparang.com

ISBN_ 978-89-6523-911-6 03300